大都會文化
METROPOLITAN CULTURE

大都會文化
METROPOLITAN CULTURE

Negotiate

買單!

一次就搞定的談判技巧

目錄

Contents

目錄

Contents

目錄

Contents

前言

談生意、拓展業務的成功與否，與這個人的談判與應變能力有很大的關係，擁有口若懸河、滔滔不絕的口才，在氣勢上就可以贏得尊敬，就能贏得比別人多一份的機會。

懂得對一個人講話，對熟人講話，只是語言能力的基本功。在公眾場合，對群眾說話，則是營造個人魅力的更高段演出，特別是公共人物，一言一行甚至將決定著世界的轉動。

要想獲得事業上的成功，不願碌碌無爲地度過一生，懂得「談判的藝術」就是成功的最佳輔助器。

本書就是從這個著眼點出發，歸納、總結出了六十六種談判與說服的密技，涵蓋工作往來之中所會遇上的各種勸服、談判的情境，闡述如何化解對方心防，如何使對方認同，遇到狀況時應變的方法，爲何要這樣說。

本書語言精煉，行文流暢，通俗易懂，只要讀者能精心閱讀，自我練習，定能從中受益匪淺，進而自如地悠遊人際網絡之中，在各方面無往不利，成就自己成功的人生。

第一章
突破心防

1 製造共鳴
2 從對方得意的事說起
3 站他人的立場
4 順著對方思維
5 慎選場所
6 同理心
7 忠於事實
8 傾聽抱怨
9 化敵為友
10 探問的技巧
11 如何問對問題
12 如何適當回答

1

1 製造共鳴

採用「心理共鳴」的說服法，就是從對方感興趣的話題談起。

人與人之間，很難在一開始就產生共鳴，往往必須先誘導對方與你交談的興趣，經過一番深刻的對話，才能讓彼此更加了解。

在你嘗試說服他人、對另一個人有所求的時候，這樣的論點也同樣適用。

伽利略年輕時就立下雄心壯志，要在科學研究方面有所成就，他希望得到父親的支援和幫助。

一天，他對父親說：「父親，我想問您一件事，是什麼促成了您同母親的婚事？」

「我看上她了。」

伽利略又問：「那您有沒有娶過別的女人？」

「沒有，孩子。家裡的人要我娶一位富有的女士，可我只鍾情你的母親，她從前可是一位風姿綽約的姑娘。」

伽利略說：「您說得一點也沒錯，她現在依然風韻猶存，您不曾娶過別的女人，因爲您愛的是她。您知道，我現在也面臨著同樣的處境，除了科學以外，我不可能選擇別的職業，因爲我喜愛的正是科學，別的對我而言毫無用途也毫無吸引力！難道要我去追求財富、追求榮譽？科學是我惟一的需要，我對它的愛有如對一位美貌女子的傾慕。」

父親說：「像傾慕女子那樣？你怎麼會這樣說呢？」

伽利略說：「一點也沒錯，親愛的父親，我已經十八歲了。別的學生，哪怕是最窮的學生，都已想到自己的婚事，可是我從沒想過那方面的事。我不曾與人相愛，我想今後也不會，別的人都想尋求一位標緻的姑娘作爲終身伴侶，而我只願與科學爲伴。」

父親始終沒有說話，仔細地聽著。

伽利略繼續說：「親愛的父親，您有才幹，但沒有力量，而我卻能兼而有之，爲什麼您不能幫助我實現自己的願望呢？我一定會成爲一位傑出的學者，獲得教授身份，我能夠以此爲生，而且比別人生活得更好。」

父親爲難地說：「可我沒有錢供你上學。」

「父親，您聽我說，很多窮學生都可以領取獎學金，這錢是公爵宮廷給的，我爲什麼不能去領一份獎學金呢？您在佛羅倫斯有那麼多朋友，您和他們的交情都不錯，他們一定會盡力幫助您的，也許您能到宮廷去把事辦妥，他們只須去問一問公爵的老師奧斯蒂羅・利希就行了，他了解我，知道我的能力。」

父親被說動了：「嘿，你說得有理，這是個好主意。」

伽利略抓住父親的手，激動地說：「我求求您，父親，求您想個法子，盡力而爲，我向您表示感激之情的惟一方式，就是……就是保證成爲一個偉大的科學家……」

伽利略最終說動了父親，他實現了自己的理想，成爲了一位聞名遐邇的科學家。

這裡，伽利略採用的是「心理共鳴」的說服方法。這種說服法一般可分爲以下四個階段：

（1）**導入階段**：先顧左右而言他，引起對方的共鳴或興趣。伽利略先請父親回憶和母親戀愛時的情況，引起了父親的興趣。

（2）**轉接階段**：逐漸轉移話題，引入正題。伽利略巧妙地通過這句話把話題轉到自己身上：「我現在也面臨著同樣的處境……」

（3）**正題階段**：提出自己的建議和想法。伽利略提出：「我只願與科學爲伴」，這正是他要說服父親的主題。

（4）**結束階段**：明確提出對對方的要求，達到說服的目的。爲了使對方容易接受，還可以指出對方這樣做的好處。伽利略正是這樣做的。他說：「……爲什麼您不能幫助我實現自己的願望呢？我一定會成爲一位傑出的學者，獲得教授身份。我能夠以此爲生，而且比別人生活得更好。」

就這樣，伽利略終於達到了自己的目的，爲最終實現自己的理想奠定了基礎。

2 從對方得意的事說起

人一得意便會忘乎所以，此時的自我防線也最低，要想談判成功，此時不下手，更待何時。

每一個人都有自認爲得意的事情，這事情的本身，究竟有多大價値並不重要，本人認爲是一件値得終身紀念的事，就是得意的事。如果能預先打聽清楚，在有意無意之間，很自然的講到對方得意的事情，只要他對你沒有厭惡的情緒，只要他目前沒有其他不如意的刺激，在情緒正常的情況下，他一定樂於接受你的說法。

在說的時候當然要注意技巧，表示敬佩，但不要過分推崇，否則反而會引起他的不安。對於這件事情的關鍵，要愼重提出，正反兩方面的闡述，對方將認爲你是知己。到了這種境地，他自會格外高興，親自演述，你該一面聽，一面說幾句表示讚賞的話，如此一來，即使是個冷靜的人，也會變得和藹可親，你再利用這機會，稍稍暗示你的意思，爲試探，作爲第二次進攻的基點。這不是你的失敗，而是你的初步成功，對於涉世經驗不豐富的人，得此成績，已不算壞，你若想一舉成功，除非對方對你素有交情，又正逢高興的時候，而且你的談吐又是很容易令人接受的，否則千萬不要存此奢望。

至於對方得意的事情要如何探聽，自然要費心另謀途徑，試從朋友之中探詢，有否與對方有往來的人，向他探聽第一手訊息當然是最上乘的資訊。此外，透過雜誌、報紙上的訪問及新聞，並上網蒐尋與對方有關的消息，記牢關於對方的得意事情，可以隨時應用。此外，交際場合中的談話不要當成耳邊風，這些時候每個人多多少少都會透露自己得意的事情，記在心上，這些事就是下次見面談生意的敲門磚了。

比如對方新近做成一筆好生意，你去稱讚他目光準，手腕靈，引得他眉飛色舞，乘機稍示來意，也是好機會。諸如此類的例子很多，全在於你隨時留心，善於利用。

3 站他人的立場

對人的眞誠關心只需一點點，就可以打動對方的心，建立起堅定的盟誼。

有人終身的錯誤，就是只想著要別人關心他，對他發生興趣。

當然，這些都不會有結果的，人的天性是自私的，對任何人都不會自然發生興趣，每天早晨、中午、晚上所關心的只是自己。

紐約電話公司曾經做過一項調查，研究在電話中，最常用到的是什麼字，這個答案也許你早猜對了，那就是人稱代名詞的中「我」。一個人在五百次電話談話中，平均會用到三千九百九十個「我」字。「我」，

當你看到一張有你在內的團體相片時，你先看的人是誰？

維也納一位著名的心理學家「阿得洛」寫過一本書，書名叫《生活對你的意義》。在那本書上，他說：「一個不關心他人，對他人不感興趣的人，生活

必遭到重大阻礙、困難，同時會帶給他人極大的損害、困擾，所有人類的失敗，都是由於這些人而發生的。」

有一位著名雜誌的編輯在紐約大學演講中說，他每天可以撿起桌上數十篇小說中的任何一篇，只要看上幾段後，就可覺察出作者是否喜歡他人……如果那作者不喜歡他人，那麼他人也不會喜歡他的作品。

這位飽經世故的編輯告訴臺下的聽眾：「別忘記，如果要做一個成功的小說家，必須先對他人發生興趣。」

如果寫小說的秘訣是這樣，應用在待人處世上，更應該如此。

塞斯頓是位成功的魔術家，四十年來走遍世界各地，他驚人的魔術絕技，風靡了無數的觀眾，約有六千萬以上的觀眾看過他的表演，而使他擁有二百萬美元的年收入。

談到成功的秘訣，塞斯頓說出過去歷史的片段。他的學校教育，跟眼前的成功完全沒有關係。他在幼年就離家出走，成了一個飄泊流浪者；偷乘火車，睡在草堆上過夜，挨家求乞。由車窗觀看鐵路兩旁廣告，讓他認識了幾個字。

他有高人一等的魔術知識？「不！」他說，關於魔術的書，已出版的有數百本之多。目前在魔術方面，有像他這樣造詣的，也有數十人。成功的關鍵，在於有兩件事，是他有而別人所沒有的，熱愛表演與懂得人情。

對表演的熱愛，使他嚴格自律，對於每一個動作姿態、說話的聲調，都在演出前做足訓練，成就出舉止敏捷，反應靈活，分秒不差的表現。

除此以外，更重要的一點，塞斯頓對人有純厚的興趣，他說，有些魔術師表演時的心態是，把觀眾當成傻瓜、鄉巴佬，玩弄他們、欺騙他們，可是塞斯頓完全不是那樣，每次上臺，他必先告訴自己：「我要感謝這些捧場的觀眾，他們使我擁有舒適的生活，我要付出最大的力量，做好這場表演。」

他說，每逢他走向臺前，就對自己這樣說：「我愛我的觀眾，我愛我的觀眾。」

老羅斯福總有驚人的成就，受到人民的歡迎，這也是他成功的秘訣之一。他的僕人們也都敬愛他，他的黑人侍從愛默士曾寫了一本關於他的書，書名是《西道爾．羅斯福——侍從心目中的英雄》，在那本書裡，愛默士說出一樁感人的故事：

有一次，我妻子問總統，美洲鶉鳥是什麼樣子？她從沒有見過鶉鳥，而羅斯福總統不厭其煩地形容給她聽。過些時候，我家裡的電話鈴聲響了（愛默士和妻子住在羅斯福總統牡蠣灣官邸旁，間小屋裡），我妻子接了電話，原來是總統親自打來的。羅斯福總統在電話裡告訴她，現在窗外正有一隻鶉鳥，如果她向窗外看去，就可以看到了。

這樣關心一樁小事情，正是羅斯福總統的特點之一。無論什麼時候，每當他走過我們屋子旁……有時並沒有看到我們，我們仍可聽到「嗨……愛默士！」「嗨……安妮！」那親切的呼叫聲。

像這樣一位主人，怎麼不使傭人們喜愛？誰能不喜歡他呢？

羅斯福卸任後不久，有次進白宮見塔夫特總統，適逢塔夫特總統和夫人外出，真誠喜歡那些底下人的老羅斯福，對白宮裡所有的舊役傭人，甚至做雜務的女僕，一一叫出名字問好。「亞切・白德」曾經有這樣一段記述：

「他看到廚房裡女傭人愛麗絲的時候，問她是不是還在做玉蜀黍的麵包。愛麗絲告訴他，有時候做那種麵包，只有傭人們吃的，樓上的官員都不吃了。

羅斯福聽了大聲說：『那是他們沒有口福，我見到總統時，把這件事告訴他。』

愛麗絲拿了一塊玉蜀黍麵包給羅斯福，他邊走邊吃走向辦公室，經過園丁、工友旁邊，向他們每一位招呼……」

羅斯福和他們每一位親切地招呼談話，就像他做總統時一樣……有個老傭人，眼裡含著淚水說：「這是我這幾年來最快樂的一天，在我們中間，就是拿錢來，我也不換的。」

哈佛大學校長依利亞博士對他人的提問，都有深刻的關心和興趣，所以受到學校裡每一個師生的愛戴。這裡是依利亞博士處世待人的一個例子：

有一天，有個大學一年級學生「克里頓」，到校長室借用「清寒學生貸款」五千元。後來克里頓這樣說：

「我拿到錢後，心裡非常感激，正要走出辦公室時，依利亞校長把我叫住，說：『請坐一會兒……聽說你都在宿舍裡自己做飯吃，如果吃得適宜、充足，我並不認爲那對你有什麼不好，我在大學時代也這樣做過……』我聽來感到很意外，他接著說：『你有沒有做過肉餅，如果把它弄得又爛又熟的話，那是一道很可口的菜，我好喜歡吃。』他詳詳細細地告訴我肉餅的做法。」

如果我們眞誠的關心別人，能夠獲得最忙碌的人的關注與合作！還有一個例子：

查理斯‧華特服務於紐約市一家極具聲譽的銀行，他被指派調查一家公司業務情況的秘密報告。華特知道有家實業公司的經理，最清楚內情，擁有他所需要的資料，華特就去拜訪那位經理。正當華特被引進經理室時，一個年輕女子由門外探頭進來，告訴那位經理說，她那天沒什麼好郵票給他。

經理向那女郎點點著後，接著向華特解釋說：「我在替我那十二歲的孩子收集郵票。」

華特坐下說明他的來意，立即提出他的需要。可是那位經理卻含糊其辭，概括籠統，不搭邊際地應付了一陣，很明顯的，他不願意說。華特用費盡唇舌，也無法使他多透露些，這次談話簡短枯燥，得不到一點要領。

後來，華特想起女秘書說的話，郵票、十二歲的小孩，同時又想到，自己銀行的國外匯兌部常和世界各地通信，有不少平時少見的外國郵票，現在正可以派上用場。

第二天的下午，他再去拜訪那位經理，同時傳話進去，有很多郵票，特地帶來給他的兒子……，這樣是不是會受到熱烈的歡迎？那是當然，對方緊握他的手，臉上堆滿喜悅的笑容，看了看了郵票，一再地說，『我的喬琪一定喜歡這一張…嗯，這一張更好，那是少見的。』

兩人談了半個小時的郵票，還看經理兒子的相片……隨後，不需要華特再開口了，經理費了一個小時以上的時間，提供出各項所需要的資料，接下來又把公司裡的員工叫來問，還打了幾個電話問他的朋友……而且還指出那家公司財產狀況的各項報告、函件，使華特得到一個極大的收穫。

4 順著對方思維

逆著對方思維的說服，就等於打著自己嘴巴的吹牛。

一般說來，在說服他人時有個不變的原則，那就是「以言詞勝過對方」的說服方式，實質上是無法奏效的，尤其是對方不信任你的時候，此一方法更是行不通。當時對方也許不作任何表示，或一言不發，然而到了最後，不是拒絕被說服，就是完全無視說服者的存在。所謂說服，不光是讓對方能充分理解自己的想法，還要令對方付諸行動，這樣才算是成功的說服。

我們試圖說服的對象，若是一個具有強烈猜疑心的人，就應令其運用自己的頭腦，作自主的判斷，因此，說服者若雖想以論理的方法，去遊說對方，對方反而會產生「我是否會吃虧上當？」「那有這種好事？會不會有不良企圖？」等疑念，所以，此時說服者應放棄論理式的說服法，改從造成對方產生懷疑的因素，作側面的攻擊。

為達到此一目的，有個原則上的辦法，那就是暫時放棄說服對方的意圖，與對方站在同一線上，同化於對方的「生活步調」，當然，最後的目的，仍在於使對方不知不覺地，同意說服者所提出的說服內容，並將他引進說服者的「模式」，產生說服者所意圖的意志。可是，還有一個先決條件，那即是，需讓對方以為，一切事情都正按照他的意志進行著，尤其對方是個具有猜疑心的人時。

再說，對於說服內容或說服者本身，開始產生猜疑心的被說服者，我們必須以遠離說服內容、更富人情味的一面，和非正式上的人際關係。使對方不意識自己被說服，而保持自己的生活步調。

譬如說：「我了解了！我不敢請你答應我什麼，我想，你一定感到很累，我也很疲倦啦！就讓我們把這件事情忘掉，一起去喝幾杯，再回家吧！」然後，把對方像嬰兒般地哄至酒店，繼續東西南北地聊個不停，在這期間，對方原來堅持拒絕的態度，就會逐漸軟化了。

5 慎選場所

語無顧忌的人易吃嘴上虧，有選擇的去說才能成爲說話高手。

人類大都習慣選擇自己喜歡的場所和氣氛來招待對方，和對方洽淡公事。其中也有不少人表現出頗具匠心的決竅和高見：「喝酒的時候，根本不適合討論公事嘛！」

有人擔心在豪華飯店或高級餐廳與重要的客戶談生意，花費了一大筆鈔票，生意卻沒有談成的話，心血即付之流水。其實，把對方邀至這種燈光美氣氛佳的地方洽淡，也是使對方敞開心，不致說謊的一種手段。

根據商談的內容而選擇場所或氣氛的重要是自不待言的，拜訪對方的家也是洽談公事的方式之一，因爲每個人在自己家裡，會完全解除了心理上的武裝。因此，在家裡沒有繼續戴著假面具的必要，結果，也就只有以眞正面目與人交往了。

同時，人們一旦被你看穿真面目以後，至少在你面前，也能發生緩和心理武裝的後果。換句話說，不願被人所知的內幕被人揭穿時，基於某種意義而言，他心理上的弱點已經落到你的手上，也就等於是處於上風的地位了。

所以，如果想要使會談順利進行的話，選擇場所、氣氛，也是達到目的一種重要手段。

6 同理心

人的心理猶如一個堡壘，如果能把堡壘攻破，說服也就成功了一半。

在攻心說服術的範疇內，措辭遣句的功夫，雖然極爲重要，但控制話題的進展使其生動有力，更爲不可或缺的一環，許多人常誤以爲只要自己能井然有序地將某些堂皇的道理灌輸給對方，對方必定能夠理解，同時會欣然接受，事實上，要吸收一名盟友，或爭取對方的合作，絕非想像中這麼簡單，必須將話題調整至雙方傳達通訊時，心理思潮的周波符合一致才行。

我們經常聽到許多人抱怨：「我雖然能夠聽懂對方話中的含意，卻總覺得不夠確切！」

這是因爲雙方尚無法契合，聽者仍心存猜疑的緣故，爲了使說詞能夠通達對方的深層心理，有時暫停談論，不著痕跡地轉變話題，由四周相關的瑣事開始交換意見，使對方的心理不再設防，當可收到意外的功效。

推銷員遇到拒之唯恐不及的客戶，通常都會和悅地說：

「不買無所謂，請您拿起來看看好嗎？」

此種要求對方做一些簡易的動作，引發其好奇心，可免除直接說服，令人產生反感的危機。倘若所推銷的產品是香水，進一步鼓勵對方打開瓶蓋：

「您聞一聞，這種芳香是多麼清新迷人啊！……」

然後再伺機將價格告訴對方，如此步步為營，由小而大地累積起來，終必能激起對方的購買欲。

說服者若想將自己的說詞推銷給對方，誘使他「購買」，必須先認清對方的心理，在不使其感受到壓力的原則下，輕輕推動，使他自動將警戒心的柵欄，逐漸降低，直到你能夠輕易跨越為止。

為了減輕對方的心理壓力，我們不妨假藉第三者的口吻，說出自己的意見，心理學家堅尼斯・塔喊利曾以三十一位志願者為對象，進行「香菸導致肺癌的主要兇手，必須戒除或者減量」的說服實驗，他將受試者分成兩組，對其中第一組用恫嚇的語氣，敘述肺癌患者的痛苦經歷：另一組則請權威性的專家，客觀地析香菸的的弊害。

實驗結果顯示，飽受威脅的一組成員，雖然對肺癌深具戒心，可是實際上決定戒菸，並且付諸行動的人數，卻以第二組爲多。

香菸→肺癌→痛苦→死亡，以理論而言，幾乎已經成爲確切不移的公式了，卻仍舊無法深入每位受試者的心理。倒是假藉權威性的第三者，提出一些溫和的勸告，反而容易奏效，此種說服術的技巧和運用，確實發人深省。

7 忠於事實

要想說服達到目的，就需要承認對方不利己方有利的一面，一味地否定對方也就在一味地否定自己。

我們若想要使對方脫離不安感的籠罩而接受遊說，那麼，積極地承認對方的某些不安，也是一種方法。因爲這樣，能使對方的不安感急轉直下，變爲期待和希望。比如，上司想要遊說部屬使其接受調職，那麼，只要誠懇地說：「的確，當你調動之後，會比現在的環境差些！」如此積極地承認下屬所具有的一部分不安。但是，切忌不斷地向對方進擊，那反易形成其致命傷。

當我們承認對方的一部分不安之後，就會產生「對比效果」了，換言之，也就是「相對的也會有某種好處」的論理開始發生作用。這時，部屬即會想到：「或許調職也不賴，將來調回總公司時，說不定可以當處長什麼的，何況，鄉下的空氣也比都市清新……」於是，他的心即慢慢地向著消除所有不安感的方向移動。

因爲，就是承認對方的一部分不安，與其他的不安比較的結果，似乎其他的事情再也沒有想像中那樣嚴重了，而且，這些不安的總和不但能因此減輕，還可能轉變爲美好的期望，如此一來，說服工作可謂大功告成了。

可是，當對方所抱持的不安感過於強烈，則會以「不行」的相反觀念，來控制「接受說服也無妨」的觀念，並強烈地抑壓對方未來積極奮鬥的意欲，這時，縱然只承認對方的一部分不安，並不一定會產生「對比效果」。故當我們遇到此種情形時，即需巧妙地誘導話題，使「對比」更爲積極、明顯。

譬如，你是一個落榜生的父親或母親，當孩子遭受到失敗的挫折時，雖然「不管如何，一定要拼命過關」的念頭，不斷地提醒他奮發，可是，另一股怕重考又遭遇失敗的不安感，卻強烈地擊倒了他，這種奮發的念頭，反而受到「保存自我之欲求」的反駁，而產生了相反的「不做也罷」的反應，因此，無論如何總是提不起勁來。

這時，你必須針對孩子認爲「不行」的因素，以樂觀的態度，做各個擊破的說服術，如此才能對症下藥。在反覆的交談中，孩子會逐漸地發覺，仍有不少對自己有利的條件，前途並不見得如自己所想像的那麼灰暗。

也就是說，當孩子的心理處於充滿「負」的狀態時，則以相等的「正」因素，從側面來擊破，使兩者得以平衡，這麼一來，就可將悲觀的成分，從孩子的心中趕出，使其重新燃起希望。

不僅如此，就是將來孩子心中再度產生不安感時，他也會自動想辦法去化解這種莫名的不安，使心理獲得安定。這種「對比效果」的說服術，即是利用正面與負面的對比，激發對方重新奮起的意志。

8 傾聽抱怨

生命太短促了，不該再以我們的一點成就對別人絮叨，而應該鼓勵別人多說話。仔細想一想，你實在沒有很多可以自誇的。

許多人在想搏得別人贊同他們的意見時，總是自己說太多的話，尤其是店員更易犯這個嚴重的毛病。讓別人說出他自己的意見來，他對於自己的問題，總比你明白得多。所以應當問別人問題，讓他告訴你一些事情。

有些人假如一旦不贊同對方的話，就立刻插嘴，其實不可如此，因爲那是危險的。在對方心中還有一大堆意思急於要說出來卻沒說完的時候，他不會注意到你說的話。所以應當耐心聽他講，心地要公開，態度須誠懇，鼓勵他把他的意見完全發表出來。

這種策略在商業上合算嗎？這裡有個故事，可以提供參考。

美國某大汽車公司經理打算訂購汽車內所用的椅套，合約數量需供一年之用。有幾個大椅套製造廠家把貨樣送去備選。那位經理看完各家的貨樣之後，選中三家製造廠，要他們各自在指定時間派一位代表前來商談，到時決定用哪家的貨。

王君是某一廠的代表，約定談生意的那天早上，忽然患了嚴重的喉頭炎，去見那位經理的時候竟因喉痛失聲，甚至連一點小聲音也發不出來。當時王君被引進一間會議室，同座的有紡織工程師、採買主任、售貨主任及公司經理。王君使盡力氣，但仍只能發出一點沙沙的聲音。

他們是圍桌而坐的，王君於是取便條紙寫下：「經理很抱歉，我因喉痛發不出聲來，我沒話可說。」

這位經理回答說：「讓我來代你發言。」他代替王君展示貨樣並說明樣品的優點。大家立刻開始討論王君的貨樣。這位經理因爲是代王君講話，所以討論的時候也是一直站在王君立場，幫著他。王君只能隨時笑著，點頭及作一些姿勢。

那次會議的結果，合約竟落到口不能言的王君公司，成爲王君所談成的最大的一筆交易。

王君發現，若不是因爲不能說話，一定得不到這批買賣，因爲自己原本想提出的意見根本錯誤，完全由客戶來發表意見才是上上之策。」

《紐約前鋒論壇報》經濟版，某日登出了一則醒目的廣告——某商業機構要徵聘一位具有特殊才能與經驗的人，約瑟便投履歷應聘。過了幾天，他接到通知信要去面談，在去之前，約瑟先往華爾街搜集了關於那個機構創辦人的事蹟。面試的時候，約瑟道：「我感覺十二萬分光榮，能進入像這樣有成績的商業機構。我聽說在二十八年前你最初開辦時，僅只有一間屋子，一張桌子，一位速記員。那是眞的嗎？」

凡事業成功的人，幾乎都喜歡回憶當年他的一些情況。這位先生當然不能例外。他談了很多當初他如何在只有四百五十美元的現款及一種創業的意志就開業，如何與揶揄譏笑的人們鬥爭，他星期假日一概不休息，每天工作十二至十六小時，最後怎樣戰勝了一切困難，直到現在華爾街的最大金融家也要向他來請教。他對於這樣的成就很覺得意。最後，他簡單的問約瑟的經歷，並請一位經理來說道：「我認爲這位約瑟就是我們所要徵求的人才」。

約瑟費心力查出未來上司過去的成就，顯示出他對人的關心，他鼓勵對方多說話——使對方留下一個良好的印象。

法國哲學家羅西法古說過：「假如你想要仇人，就勝過你的朋友；但是假如你想要朋友，則當讓你的朋友勝過你。」爲什麼呢？因爲當我們的朋友勝過我們時，那就可以使他有優越感；但當你勝過你的朋友時，則會引起他們的自卑感並將感到嫉妒和猜疑。

法國有句俗語說：「當我們看見我們最嫉妒的人遭遇不幸時，會發生一種惡意的歡心，純粹是最開心的事。」換句中國的俗語來說就是「幸災樂禍」。

是的，的確有些朋友見你遇到困難，比看到你成功更高興。

因此，我們當謙遜，那是最有益的，名作家寇伯就有這種本領。有一次某律師在法庭對著坐在證人席上的寇伯先生說：「我曉得，寇伯先生，你是美國著名作家之一。對不對？」

寇伯先生答道：「我好像太榮幸，實在不敢當。」

9 化敵為友

不必找仇敵麻煩，只要心存善意，多說好話，誰還會成爲仇敵？

有人曾經說過，只好盡力做好自己的工作，不去理會爲難自己的人，有一天會有別人來替你對付他的。

不過，有時你不理會仇家，不等於對方也會放過自己，如果你的仇敵偏偏要來惹你，那該怎麼辦呢？

有位農人，新買了一處農莊。這一天，他正沿著農莊的邊界走著，遇到鄰居。

「慢著，你且別看，」鄰居說道：「在你買進這塊地時，你同時買進了我對你的控訴。你的籬笆越了我的地界十英呎。」

這是一個可以延續數百年、造成世代仇恨的爭論的開始。

可是，新主人微笑著：「我本以爲可以在這裡找到些和氣的鄰居，我也希望自己是個和氣的鄰居，你可要幫我的忙，將籬笆移到你指定的地點，費用由我來付。你會滿意，我也快樂。」鄰居看看界線，走來走去並自言自語。

後來，那道籬笆始終不曾移動，很可能成爲世仇的兩戶人家也改變了，這位挑釁者眞的成了友善的好鄰居。

看來，好的界限比好的籬笆更有力量。

仇敵也許看似渺小而又不足輕重，但又不得不小心。不要給出理由讓別人把向你報復作爲事業。路口上那個賣報童是討厭些，但對他態度要好，不然，他會橫下心來發奮圖強，要發財，爲著買下你正住著的大樓，將你轟出去。

別大罵那個勢利眼的金髮秘書，雖然她毫不客氣地擋了你的駕，不讓你進去見老闆。說不準，到哪一天，絲毫不需懷疑地，她和老闆結婚了，也許，這樣做僅僅是爲了對你報仇。

仇敵各式各樣，如何分辨，從而躲開他們，是一種實實在在的生活藝術。

學學農人，繞著樹根來耕地；或者消除掉那些惡劣的因素，你會多幾個朋友。

有位園丁曾在給華盛頓政府農業部的投訴信中寫道：「以我所懂得的一切，加上從書本上看到的，連同你們那些宣導手冊在內，所有關於如何除去蒲公英的方法我都試過了——可是，我在我的園子裡總是沒有辦法消除它們。」

他得到了這樣的答覆：

「親愛的先生，假如你試了一切的方法而園裡仍然有蒲公英，你只有一個辦法：學習去愛他們。」

這項答覆，蘊含著人生的道理。

10 探問的技巧

探問時必須像福爾摩斯一樣，運用各種技巧和方法，獲得多種資訊，才能眞正問對問題，達成目的。

投石問路是一種向對方的試探，它常常借助提問的方式，來摸索、了解對方的意圖以及某些實際情況。

邊聽邊問可以引起對方的注意，爲他的思考提供既定的方向；可以獲得自己不知道的資訊，儘量讓對方提供自己不了解的資料；可以傳達自己的感受，引起對方的思考；可以控制談話的方向，使話題趨向結論。

但是，對於提出什麼問題，怎樣表述問題，何時提出問題要講究技巧，因提問方式不同，對方產生的反應也會不同。

一名教士問他的主教：「我在祈禱的時候可以抽菸嗎？」這個請求理所當然地遭到了拒絕。

另一名教士也去問同一個主教：「我在抽菸時可以祈禱嗎？」

同一個問題，一經他這麼表述，卻得到允許，可見提問是必須很講究的。

提出問題，應該事先讓對方知道，你想從這次談話中得到什麼。如果他明白了你的意圖，就可以有的放矢地作出說明，你也能夠掌握大量資訊。

提問切忌隨意和威脅，從措辭到語調，提問前都要仔細考慮。提問恰當，有利於駕馭話題；反之，將會損害自己或使談話節外生枝。

提問的功能是很多的：

（1）引起對方的注意：

如：「如果……那就太好了，是嗎？」

「您能否幫助我……」

「但願我們的想法能取得一致就好了，不是嗎？」

這種類型的提問功能，既能引起對方的注意，又不至於使對方焦慮不安。

（2）可獲得需要的資訊：

這種提問往往都會有一些典型的前導字句，如：「誰」、「什麼」、「什麼時候」、「哪個地方」、「會不會」、「能不能」等等。

在發出這種提問時，應事說清楚如此提問的意圖，否則，很可能引起對方的焦慮。

（3）借提問向對方傳情達意：

如：「你眞的有信心在這裡投資嗎？」

許多問話表面上看來似乎是爲獲得自己期望的消息和答案，但事實上，卻同時把自己的感受或已知的資訊傳達給了對方。

（4）引起對方思緒的活動：

如：「對這一點，你有什麼意見？」

通過這樣的提問能使對方思緒隨著提問者的問話而活動。這種問話中常用到的字眼有：「如何」、「爲什麼」、「是不是」、「會不會」、「請說明」等。

（5）做談話結論用：

借著提問使話題歸於結論。

如：「該是決定的時候了吧？」

「這的確是真的，對不對？」

提出某一個問題，可能會無意中觸動對方的敏感之處，使對方產生反感。所以，提問要注意對方的忌諱。

假如你改用另外一種方式提問：「在這份登記表上，要求填寫您的年齡，有的人願意塡大於二十五歲，您願意這麼塡嗎？」

這樣的提問，對方不但不會生氣，還可能積極配合你的行動。

怎樣才能使提問問得巧，首先需選擇恰當的提問形式。

提問的形式有這麼幾種：

（1）限制型提問：

這是一種目的性很強的提問技巧。它能幫助提問者獲得較爲理想的回答，減少被提問者說出拒絕的或提問者不願接受的回答。

這種提問形式的特點是限制對方的回答範圍，有意識、有目的地讓對方在所限範圍內作出回答。

據說，香港一般茶室因爲有些客人在喝可可同時放個雞蛋，所以服務生在客人要可可時必問一句：「要不要放雞蛋？」

這種提問留給對方選擇的範圍是「要不要」。同樣的情況下，服務生如果不是問「要不要放雞蛋」，而問：「放一個還是兩個雞蛋」，這樣的提問縮小了對方的選擇範圍，把範圍限制在「放一個還是兩個」之內，如此一來，賣出雞蛋數量必然大增。

（2）婉轉型提問：

這種提問是用婉轉的方法和語氣，在適宜的場所向對方發問。這種提問是在尚未摸清對方虛實時，先虛設一問，投一顆「問路的石子」，避免對方拒絕而出現難堪局面，又能探出對方的虛實，達到提問的目的。

例如，談判一方想把自己的產品推銷出去，但他並不知道對方是否會接受；又不好直接問對方要不要，於是他試探地問：「這種產品的功能還不錯吧？你能評價一下嗎？」

如果對方有意，他會接受，如果對方不滿意，他的拒絕也不會使雙方難堪。

（3）攻擊型提問：

這種問話的直接目的是擊敗對手，故而要求這種問話具有幹練、明瞭、擊中對手要害等特點。

如美國雷根與卡特競選總統時的一段辯論，當時雷根挑戰性地提出了這樣的問題：「每一個公民在投票之前都應該好好想想這樣幾個問題，你的生活是不是比四年前改善了？你到商店裡去買東西時是不是比四年前更方便了？美國的失業人數是不是比四年前減少了？美國在國際上是不是比四年前更受尊重了？」

辯論結束後，民意測驗結果表明：支持雷根的人上升到六十七%，支持卡特的人下降到三十%。

（4）**協商型提問：**

想要對方同意自己的觀點，應儘量用商量的口吻向對方提問，如：「你看這樣寫是否妥當？」

這種提問，對方比較容易接受。而且，即使對方沒有接受你的條件，但是氣氛仍能保持融洽，雙方仍有合作的可能。

提問要留心對手的心境。

人總是處於一定的情緒之中的。現實生活中我們常常看到，有些人高興起來一擲千金，反之，則一毛不拔。顯然，人情緒的不同，對同一件事可以作出完全不同的反應。

例如，對手心境好時，常常會輕易地滿足你所提出的要求，並且還會變得粗心大意，很容易露出口風，此時，抓住機會，提出問題，通常會有所收穫。

總之，每一個提問都是一顆探路的「石子」，在採購原料時，可以透過對產品品質、購買數量、付款方式、交貨時間等問題來了解對方的虛實。

同時，不斷地投石問路還能使對方窮於應付。如果賣方想要拒絕買方的提問一般是很不禮貌的。

面對這種連珠炮式的提問，許多賣主不但難以主動出擊，而且寧願適當降低價格，而不願疲於回答詢問。

11 如何問對問題

口才——最高境界就是問對問題。

我們生活的每一天都離不開提問，精妙的提問不僅可以使你獲得資訊和知識，同時還可幫助你了解對方的需要和追求，從而達到人與人之間的溝通、交流和互助，促成事業的成功。當然，提問是離不開口才的，同樣的一個要求，若用不同的語言提問，收到的效果肯定不一樣。

那麼，用什麼樣的語言提問才能收到好的效果呢？

（1）注意因人而異：

俗話說：到什麼山唱什麼歌。同樣，提問也應見什麼人發什麼問。這是因爲：

首先，人有男女老幼之分，該由老人回答的問題，向年輕人提出就不合適，該向男性提出的問題，也不能叫女性來回答。如果對一位正感年華似水、老之將至的女士提出一個看似很平常的問題：「您今年幾歲？」儘管你毫無惡意，也定會惹得她惱怒不已。

其次，每個人都有自己獨立的性格色彩。有人性格外向、性情直率，對任何問題幾乎都能談笑風生，暢所欲言；有人寡言好思，情緒不外露，但態度比較嚴肅；也有人訥於言辭，孤僻自卑，對任何問題都很敏感，甚至有點神經質。對性格外向的人，儘管什麼問題都可以提，但必須注意問得明白，不要把問題提得不著邊際，否則很容易使談話「走題」；對寡言好思的人，要開門見山，簡潔明瞭，提問要富有邏輯性，儘量提那種「連鎖式」問題。比如：「你爲什麼會這樣呢？」「後來呢？」等等。這樣可以促使他源源不斷、步步深入地談下去；對那種敏感而又訥於言辭的人，要善於引發，不宜一開始就提冗長、棘手的問題，通常以他喜歡的話題，由淺入深據實發問，啓發他把心裡話說出來，但必須注意，絕不能向他提出令人發窘的問題。

第三，人的知識水準和所處的社會環境各有千秋。因此必須仔細觀察、了解對方身份，把問題提得得體，不唐突、莽撞。如果你跑去問一名並不熟悉烹飪技術的航空公司機師，應該如何烹製才能使做出的菜美味可口？就肯定難以如願以償。這表明，提出的問題必須根據對方的專業背景、職業及社會地位等進行合理分配，該問甲的不要問乙，該問乙的不要問丙。

（2）掌握最佳時機：

提問並不像逛大街、上市場那樣隨時都可進行，有些問題時機掌握得好，發問的效果才佳。有兩個過去很要好的朋友都剛剛走上工作崗位，一個偶然的機會他們相遇了，互相詢問：「你們部門待遇怎樣？你工資多高？談戀愛了嗎？」顯得既親熱自然，又在情理當中。但是，如果一位姑娘經人介紹與一位從未見過面的小夥子談戀愛，公園門口兩人準時赴約了，沉默了一會兒，姑娘抬起頭來問：「你談過戀愛嗎？工作輕鬆嗎？工資多少？」其結局就可想而知了。

一般來說，當對方很忙或正在處理急事時，不宜提瑣碎無聊的問題；當對方正專心欣賞音樂、戲劇節目或體育比賽時，不宜提與這支音樂或這場戲劇節目或體育比賽無關的問題；當對方傷心或失意時，不宜提太複雜、太生硬、會引起對方不愉快的問題；當對方遇到困難或麻煩，需要單獨冷靜思考時，最好不要提任何問題。

（3）**問題提得具體**：

那種大而泛的問題，往往叫對方摸不清頭腦，因而也就不可能回答好。相反，問題具體了，反而可以引導對方的思路，從而得到滿意的回答。

（4）**講究邏輯順序**：

如果你要就某一專題性問題去請教別人，則必須按事物的規律，先從最表面、最易回答的問題問起，或者先從對方熟悉的事問起，口子開得小些，然後逐漸由小到大，由表及裡，由易到難提出問題，並注意前後問題間的邏輯性。這樣才有助於問題的逐步深入，並便於對方回答，不至於一開口便爲難卡殼。同時，也有助於自己理解對方的談話，便於從中總結出規律性的東西。

（5）**保持靈活態度**：

發問不僅僅是口才的問題，還是一個人的思維能力問題。提出一個問題後，你要仔細聆聽對方的談話，並注意觀察對方談話中的一切細節，積極開動腦筋，去發現新的問題，新的疑點，並立即抓住，追問下去，弄個水落石出。此外，你還要注意對方回答問題的態度，一但發現他避開某些東西，你可以打斷他的話，試探他的反應，也可以用眼睛帶著雙關的意義盯住他，持續一段時間，直到使他變得不安爲止。這時，他往往會在無意中脫口說出你最希望得到的東西。

（6）準備多種提問方式：

同一個問題，必須準備多種提問方式。提問方式一般分以下幾種：

正問：開門見山，直接提出你想了解的問題。

反問：從相反的方面提出問題，令其不得不回答。

側問：從側面入手，通過旁敲側擊，迂迴到正題上來。

設問：假設一個結論啓發對方思考，誘使對方回答。

追問：循著對方的談話，打破沙鍋問到底。

應該知道，不是任何人一開始就願意如實回答你所提的問題的，他們往往借「無可奉告」、「我也不大清楚」等詞來推託你的問題。所以，應該準備多種提問方式。當他堅決表示無話可說時，你就裝成誤解了他的樣子，轉而用另一種方式提問，如此反覆。如果他拒絕回答，你可以設想一個令其爲難的結論，請他指導，一旦他開了口，你就可以步步進逼，追問到底了。

（7）措辭要得體：

爲了表達明確，避免造成麻煩和誤解，提問時仔細選詞擇句是很重要的。我們必須尋求最佳的表達方式。諸如「你有什麼理由可說？」這類問題，很容易引起對方的不快，但如果換一種措辭：「你對此事有何感想？」就可以使談話繼續下去。

（8）語氣和語調親切自然：

必須時刻記住：對任何人提任何問題都要努力製造一種親切友好、輕鬆自然的氣氛，絕對不可以用生硬的或審訊性的語氣和語調。否則，不但容易影響對方的情緒，還會破壞雙方之間的關係，導致提問的徹底失敗。

12 如何適當回答

妙答是智慧的展現，也是獲得尊重的實力。

答問是一種對提問作出回應，以解釋、說明爲目的的口語表達方式。答問的語言形式多種多樣，答問的藝術和技巧就展現在各種形式中。概括起來，答問的語言形式主要有：

（1）直答：

直答就是根據對方的提問，直接從正面作出回答。例如：

問：你們廠今年上半年的效益如何？

答：很好。上半年完成全年計畫產量的七十％，人均創產值一萬二千元，比去年同期增長了十％，上繳利稅三千兩百萬元，創歷史同期最高記錄。

這種答問，是友好、坦誠、直率的，通常在上下級之間，同事親友之間，顧客與服務員之間，老師和學員之間使用最多。

（2）分答：

所謂分答，是指提問者不懷好意，或又有包容性的提問，不作「是」與「否」地籠統回答，而是聽清話意，分解一問爲多問，分別給以正確的回答。

分答這種口語技巧要運用好，首先要會聽，聽清對方話語中的陰謀，告誡自己不可順勢而應；其次，要分解對方的問題，對方的問題一般都有兩層以上的含義，分解好了，即可以逐一應答；分答之妙還在於把對方所提問題中存在的挑釁成分都給否定掉。

（3）變答：

變答，就是變通著回答。《孫子兵法》說：「兵無常式，水無常形，能因敵變化而取勝者，謂之神。」變答，正是變被動爲主動，變守勢爲攻勢，變妨害爲有利的一種巧妙的應答方式。

變答技巧的特點是「反」答，即在簡答了對方問話之後，採用對方的內容來作答。例如：美國前總統卡特競選時，有位女記者找到卡特的母親。下面是女記者和卡特母親之間的問答——

女記者：「您兒子向選民們說，他如果說謊話，大家就不要投他的票，您敢說卡特從來沒說過謊嗎？」

卡特母親：「也許我兒子說過謊，但都是善意的。」

女記者：「什麼是善意的謊話？」

卡特母親：「你記得幾分鐘前，當你跨進我的門檻時，我對你說你非常漂亮，我見到你很高興。」

卡特母親的變答可謂針鋒相對，使得問話者非常尷尬。但這不能責備卡特母親不友善、不禮貌、不厚道，她的應答是對方不友好挑起的，並且步步「逼問」出來的。就內容來說，其恰當、巧妙、簡潔都是無懈可擊的。

變答還有一種更特殊的情況，即以問爲答。例如：有一次，美蘇關於限制戰略武器的四個協定剛簽署，季辛吉在莫斯科的一家旅館中向隨行美國記者團介紹有關情況。下面是他們的談話記錄——

季辛吉：蘇聯生產導彈的速度每年大約二百五十枚，如果我在這裡被當成間諜抓走，我知道是誰洩密的囉。

記者：那我們的情況呢，我們有多少潛艇導彈在配置多彈頭導彈？有多少

「民兵」導彈在配置分導式多彈頭？

季辛吉：我不確切知道這些數字，至於潛艇，我的苦處是，數目我知道，但我不知道是不是保密的？

記者：不是保密的。

季辛吉：不是保密的嗎？那你說有多少呢？

記者：……

季辛吉顯然知道這些是保密的，不能回答。但他不是用「無可奉告」搪塞，而是變答為問，以問作答，結果反客為主，把問話者推到了難堪的境地。

必須指出，變答只有當問話者含有敵意或咄咄逼人時，才能運用，非此情況不可濫用。因為它有傷和氣，其結果會出現僵局、冷場和不快。

（4）牽答：

有時面對故意刁難甚至侮辱性的提問，如果從正面回答，顯得無力，即使答得再好，也只是一種為自己開脫、辯解的防衛語言，這時，就可以用牽答的技巧。採用牽答的技巧，就是抓住事物之間的對應、連帶關係，提一個涉及答者與問者的命題，造成一榮俱榮，一損俱損的態勢，以抵消對方的攻勢，使自己立於不敗之地。比如——

晏子出使楚國時，楚王向晏子提出了一個侮辱性的問題：「齊國爲什麼派你這麼一個矮小無德的人做使臣呢？」晏子說：「齊國派使臣有一個規定，不同的人朝見不同的國王：賢德的人朝見賢德的國王，不賢德的人朝見不賢德的國王。我最不賢德，就派來朝見您楚王。」

楚王本想侮辱晏子，沒想到反而受到了晏子的侮辱。晏子的回答，把自己的榮辱與楚王連在一起，使得楚王無法反駁，自找沒趣。

牽答的奧妙，就在於用話將自己與問話者牽在一起，不可分開，使對方不能處於優勢的攻擊者地位。不過，牽答要注意分寸，因爲「利害相連，榮辱與共」，所以對自己和對方都不要過份貶損，一般是答話中應有「兩可」的意思（我這樣，你也這樣；我那樣，你也那樣）。

（5）錯答：

錯答，也是一種機警的口才表達技巧，既可用於嚴肅的口語交際場合，也可用於風趣的日常口語交際場合。它的主要特點是不正面回答問話，也不反唇相譏，而是用話岔開所問，作出與問話意思錯位的回答。

一個美麗的姑娘獨自坐在酒吧吧檯邊。一位青年男子走過來獻殷勤，低聲問：「這兒還有人坐嗎？」

「到阿芙達旅館去？」她大聲說。

「不，不。你弄錯了，我只是問這兒有其他人坐嗎？」

「你說今夜就去？」她尖聲叫道，比剛才更激動。

這位青年男子被弄得狼狽極了，紅著臉到另一張桌子上去。許多顧客憤慨而輕蔑地看著這位青年男子。

這個例子，是一次很典型的錯答。錯答，作爲一種用來排斥對方和躲閃眞實意思的交際手段，往往是很有用的。

（6）徵答：

徵答，就是引用名人名言和俗語、諺語等來作答，以表明自己的意思，或佐證自己的觀點。這種回答，好處是很明顯的，既增加了說話的權威性與可信度，又省去了許多解釋和說明，還能增添口語的生動性與感染力。例如：

有人問一位家長：「聽說你孩子寄養在劉教授家以後，變得很守規距，成績也提升了，是眞的嗎？」

家長答：「有人說『近朱者赤』，一點也不錯。」

「近朱者赤」這一成語，引用在這裡作答，非常準確、簡練、生動。

（7）拈答：

拈答是緊承問話中的詞句，利用拈聯手法，在原話的基礎上稍作變動，作出準確、鮮明、生動回答的一種口才表達技巧。這種答問如果運用得好，可以取得很好的效果。例如：

作家王蒙五十年代曾因寫了《組織部新來的年輕人》出了大名，後來被錯誤地打成右派。復出後，讀者好心地問王蒙：「你能不能繼續保持《組織部新來的年輕人》的創作風格？」

王蒙回答：「不論有多少好心的讀者希望我保持《組織部新來的年輕人》的風格，但是，這是不可能也是不必要的。二十年來，我當然早就被迫離開了

『組織部』，也再不是『年輕人』。」

這段話運用了拈連的手法：「被迫離開了『組織部』」，說明自己蒙受冤屈，「再不是『年輕人』」，表明生活、創作風格變化的必然性。答得很藝術，很巧妙。如果直接擺出幾條理由，講些生活與創作關係的大道理，反而顯得生硬、老套。這樣一拈連，作者和讀者之間，巧接詞意，收到了很有韻味的效果。

拈答在日常生活中也常用。如：孩子考試回家，媽媽問：「這次考得怎麼樣？」孩子回答：「烤糊了！」將「考」試的「考」拈連成燒「烤」的烤，以「糊了」來比喻考壞了，答問很有風趣。

（8）喻答：

喻答，就是對某些棘手的問題，採用比喻的方式來回答。既形象生動，又明白透徹。如果擺開架勢直接說理，不但很費力費事，還不見得有好效果。

不過，我們要用好喻答，必須精選作爲喻體的事例，特別注意喻體與本體之間的契合點；還要注意答話的內容，一般用在解說、論證事理方面，其他日常答話和口試答話都不大適宜，不要濫用。

（9）斷答：

斷答，就是截斷對方的問話，在他還沒有說出，或者還沒有說完某種意思時，即作出錯答的一種口語交際技巧。它與錯答的不同之點是答與問都存在人爲的錯位，即答非所問；而且，錯答是在聽完問話之後作的回答，斷答是沒有聽完問話就搶著進行回答。比如：

一對青年男女在一起工作，男方對女方產生了愛慕之情。男方急於要表白心願，女方雖心領神會，但是，卻不願將友情向愛情方面發展，認爲還是不要說破，保持一種純眞的朋友情誼爲好。於是，出現了下面的斷答：

男青年：我想問問你，你是不是喜歡……

女青年：我喜歡你給我借的那本哲學書，我都看了兩遍了。

男青年：你看不出來我喜歡……

女青年：我知道你也喜歡哲學，以後咱們一起交換學習心得吧。

男青年：你有沒有……

女青年：有哇！互相切磋，向你學習，我早就有這個想法。

男青年：……

這位女青年三次斷答，使得男青年明白了她的想法，於是，不再問了。這比讓他直率地問出來，女青年當面予以拒絕，效果自然要好得多。

（10）詭答：

詭答，是與詭辯連在一起的。詭，怪的意思，詭答，即一種很奇怪的回答。在特殊的情況下，不能、不宜或不必照直回答時，運用詭答技巧，就能應付難題。

第二章

捭闔縱橫

2

13 營造氣勢

在說服別人時，氣勢有著非常關鍵的作用。

戰國時，驕橫的秦王想要吞併安陵，便無理地表示欲以五百里土地交換安陵。安陵君不同意，便派唐睢出使秦國。當秦王聽說安陵君不願交換土地時，頓時臉色大變，怒氣衝衝地對唐睢說：「你聽說過天子發怒嗎？」

唐睢回答說：「我沒有聽說過。」

秦王說：「天子發怒，能讓百萬人屍骨成山，血流成河！」

唐睢說：「大王聽說過百姓發怒嗎？」

秦王說：「平民百姓發怒，不過是摘下帽子，赤著雙腳，拿腦袋撞牆罷了。」

唐睢說：「那是庸人的發怒，不是勇武者的發怒……如果勇武的人眞的發了怒，倒下的雖不過兩人，血水淌過的地面也只有五六步，但是普天下都得披麻戴孝。現在勇士發怒了！」

說完，他拔出寶劍，挺身而起。秦王一見頓時慌了，忙對他說：「先生息怒，先生請坐下來談，何必生這麼大的氣。現在我明白了，韓國、魏國都滅亡了，獨有安陵君這個僅有五十里地的小國還存留下來，就是因爲有先生這樣的勇士啊！」

在這一過程中，唐雎針對秦王的貪得無厭，臨危不懼、據理力爭，甚至拔劍而起，在氣勢上壓倒了秦王，使秦王打消了吞併安陵的念頭，達到了出使和說服的目的。

若你在說服的同時，畏畏縮縮、矮人一截、不敢和人針鋒相對，別人就不會把你的意見當成一回事。反之，如果你理直氣壯、臨威不懼，在氣勢上壓倒對方，對方就會很自然地接受你的意見。

14 凜然威嚴

如果說服時連威風都沒有，哪有說服的力量。

馮玉祥任職陝西督軍時，得知有兩個外國人私自到終南山打獵，打死了兩頭珍貴的野牛，馮玉祥把他們召到西安，責問道：「你們到終南山行獵，和誰打過招呼？領到許可證沒有？」

對方回答：「我們打的是無主野牛，用不著通報任何人。」

馮玉祥將軍聽了，帶著怒氣說：「終南山是陝西的轄地，野牛是中國領土內的東西，怎麼會是無主呢？你們不經批准私自行獵，就是違法。」

兩個外國人狡辯說：「這次到陝西，在貴國發給的護照上，不是准許帶槍嗎？可見我們打獵已經獲得貴國政府的許可，怎麼是私自打獵呢？」

馮玉祥將軍反駁說：「准許你們攜帶獵槍，就是准許你們打獵嗎？若准許你們攜帶手槍，難道就表示你們可以在中國境內隨意殺人嗎？」

其中一個外國人不服氣，繼續說：「我在中國十五年，所到的地方沒有不准打獵的，再說，中國的法律也沒有規定外國人不准在境內打獵。」

馮將軍冷笑著說：「的確是沒有規定外國人不准打獵的條文，但是，難道就有准許外國人打獵的條文嗎？你十五年沒遇到官府的禁止，那是他們昏庸，現在我身爲陝西的地方官，我沒有昏庸，我負有國家人民交托的保家衛國之責，就非禁止不可。」

聽著馮玉祥將軍咄咄逼人、理直氣壯的話語，看著他的凜然正氣，兩個外國人發毛了，只好承認錯誤。

正氣凜然、咄咄逼人的說服方式的確具有非凡的效果，只是要把握其適度原則，不到萬不得已，或對方實在刁蠻時，最好不要用，因爲這樣會顯得氣氛緊張，雙方的關係也容易鬧僵。

15 示之以害告之以利

趨利避害是每個人都會做出的選擇。曉之以利，告之以害，每個人都會做出明智的選擇。

一個人最關心的往往是與自己有關的一些利益，因爲人們畢竟生活在一個很現實的社會裡，雖不能說「人爲財死，鳥爲食亡」，但人要生存，就離不開各種與己有關的利益。所以，當你想要勸說某人時，應當告訴他這樣做對他有什麼好處，不這樣做則會帶來什麼樣的不利後果，相信他不會不爲所動。

球王比利，人稱「黑珍珠」，是人類足球史上享有盛譽的天才，在他很小的時候，就顯現出了足球的天賦，並且取得不俗的成績。

有一次，小比利參加了一場激烈的足球比賽。賽後，夥伴們都精疲力竭，有幾位小球員點上了香菸，說是能解除疲勞。小比利見狀，也要了一支。他得意地抽著菸，看著淡淡的菸霧從嘴裡噴出來，覺得自己很瀟灑、很前衛。不巧的是，這一幕被前來看望他的父親正好撞見。

晚上，比利的父親坐在椅子上問他：「你今天抽菸了？」

「抽了。」小比利紅著臉，低下了頭，準備接受父親的訓斥。

但是，父親並沒有這樣做，他從椅子上站起來，在屋子裡來回地走了好半天，這才開口說話。

「孩子，你踢球有幾分天分，如果你勤學苦練，將來或許會有點出息。但是，你應該明白足球運動的前提是你必須具有良好的體魄。可是，今天你抽菸了。也許你會說，我只是第一次，我只抽了一根，以後不再抽了。但你應該明白，有了第一次便會有第二次、第三次……每次你都會想：僅僅一根，不會有什麼的。但天長日久，你會漸漸上癮，你的身體就會不如從前，而你最喜歡的足球可能因此會漸漸地離你遠去。」

父親頓了頓，接著說：

「作爲父親，我有責任教育你向好的方向努力。也有責任制止你的不良行爲。但是，是向好的方向努力，還是向壞的方向滑去，主要還是取決於你自己。」

說到這裡，父親問比利：「你是願意在菸霧中損壞身體，還是願意做個有出息的足球球員呢？你已經懂事了，自己做出選擇吧！」

說著，父親從口袋裡掏出一疊鈔票，遞給比利，並說道：「如果你不願做個有出息的球員，執意要抽菸的話，這些錢就作爲你抽菸的費用吧。」說完，父親走了出去。

小比利望著父親遠去的背影，仔細回味著父親那深沉而又懇切的話語，不由得掩面而泣，過了一會，他止住了哭，拿起鈔票，來到父親的面前。

「爸爸，我再也不抽菸了，我一定要做個有出息的球員！」

從此，比利訓練更加刻苦，十六歲就入選巴西國家隊，三奪雷米金杯，成爲一代球王。這番成就的取得跟父親的一番教導是分不開的。至今，比利仍舊不抽菸。

一次，唐代著名諫臣魏徵直言進諫，使唐太宗很難堪，太宗不由得有些憤恨魏徵。

太宗回寢宮後，向長孫皇后說及此事。長孫皇后聽後，深有感觸地說道：

「曾聽說陛下器重魏徵，只是不知其中緣故。今天聽起陛下說魏徵直諫的事，此人果然能以大義勸止陛下感情用事，可稱得上國家正直之臣！妾與陛下結髮為夫妻，承蒙禮遇，情義深重，然而每當說話時還要觀察陛下的臉色，不敢輕犯威儀，何況是臣下情疏禮隔呢？觸犯龍顏是危險的，因此古時韓非曾說『說難』，東方朔也歎『談何容易』，都是很有道理的。

忠言逆耳，良藥苦口。掌握國家的人以國事為重，聽取忠言就會使社會安寧，拒絕忠言就會使政治紊亂。陛下詳察其中道理，那麼天下就幸運了。

皇后一席話，使唐太宗頓時省悟，以後對魏徵更加器重。魏徵死後，太宗深感悲痛，親臨魏徵靈堂慟哭，追贈他為司空。太宗後來對人說：「用銅來作鏡子，可端正衣冠；拿歷史來作鏡子，可以知道朝代的興亡更替；拿人來作鏡子，可以明白自己的得失。我經常檢視這三面鏡子，以防止自己的過失，現在魏徵去世了，我丟了一面鏡子啊！」

西元前六三〇年，秦晉合兵攻鄭。兵臨城下，鄭文公命燭之武去說服秦國退兵。

燭之武趁夜來到秦國軍隊的營門前放聲大哭。秦穆公聞報，便親自接見了燭之武。

燭之武說：「老臣哭鄭，也哭秦，鄭國滅亡在所難免，並不可惜，可惜的是秦國呀！秦晉合兵攻鄭，即使勝了，對秦國也是無益而有損。因爲秦國在晉國的西面，與鄭國相隔千里，無法越過晉國占鄰鄭國的一寸土地。而鄭和晉相連，勝利後領土必然全部歸晉。秦晉兩家本來勢均力敵，可是晉國若得到鄭的地盤，力量就會大大地超過你們，且晉國歷來言而無信，這些年他們天天擴軍備戰，今日拓地於東，滅鄭；它日必然會拓地於西，攻秦。君不見，晉國假途伐虢的教訓嗎？」

秦穆公聽了覺得有理，便悄悄撤兵了。晉國自覺孤掌難鳴，便也班師回朝了。

不論個人行爲還是國家大事，無不關乎利害，趨利避害是每個人都會作出的選擇。所以，在辯說中說明利害得失，進而指明方向，具有極強的針對性和說服力。

16 引第三者意見

第三者一句話勝過自己說一百句話。

在不損傷對方的自尊心或虛榮心的原則下，進行說服工作的另一個方法，是巧妙地替對方虛榮的自我，加上一頂高帽子，使他們的自我更加地虛榮。這是刺激對方的虛榮自我，遂因過於得意忘形而落入說服者所設的「陷阱」內，使說服成功。

通常，我們想說服對方時，常以「除你之外，再也沒有更適當的人選了！」或「眞虧是你，你這種當機立斷的魄力，實在令人佩服！」這類的溢美言詞，來誇讚對方。但是，你若只是一味地讚美對方，他必認爲你是個專門逢迎他人的諂媚者，那樣一來，你的馬屁還眞拍到馬腿上了！因此，當你欲使用此種方法來說服對方時，態度應自然而誠懇，也就是要毫不露痕跡地表演。

譬如：與其直截了當地以「除了你之外，再也沒有別的人選可勝任這項工作了！」的語詞來說服對方，不如不露出蛛絲馬跡地說：「你看！A先生容易犯……的錯誤，B先生有……的缺點，算來算去，也眞是除你之外，再也找不出第二個人來接這項工作啦！」如此故意將對方的「競爭者」搬上舞臺，並提出客觀的觀點，適當地替對方的虛榮心戴上一頂高帽子，這麼一來，對方就不會以爲是拍馬屁了，反而心裡沾沾自喜道：「嘿！說的也是！除了我之外，再也沒人做得了啦！」這一種加上附帶條件來誇讚對方的說服術，筆者則稱爲「附帶條件的絕對化」，此種方法的效果，常是出人意料之外的。

這種不著痕跡地阿諛對方的方法，還可舉出對方的所有物來讚美一番，或藉對方所不認識的第三者之名，以適當確切的言詞，捧對方一場，都可收到效果。

舉出對方所不認識的第三者，藉第三者的力量來說服他時，其效果有下述的心理學上的背景：一般說來，同樣是讚美，但人們的心理喜歡陌生的第三者的讚美，勝於所認識的身邊人物的誇張。因此，如果告訴對方，有個陌生的第三者對他讚不絕口，他必然會感到光榮和興奮。因爲他認爲除了自己所屬的世界外，還有人承認自己的價值，這種「連陌生人都承認我的存在價值」的驕傲，滿足了他的自我心理，因而產生應允說服內容的意欲。

譬如，當你欲向一位客戶推銷豪華轎車時，與其說破嘴皮子，告訴對方汽車的性能有多優良，外型有多美觀，還不如告訴對方「某某人明星也是開這一種車子」等類的話，來說服對方，成功率也比較高些。此即是利用「第三者」的力量，抬高對方的自尊心或虛榮心，以獲得說服的效果。

17 舉歷史教訓

不能直說時可以曲講，用彼此對方都深知的典故入題。

一九三七年十月十一日，羅斯福總統的私人顧問亞歷山大．薩克斯受愛因斯坦等科學家的委託，在白宮同羅斯福進行了一次會談。會談的主要目的是，要求總統重視原子能的研究，搶在德國之前造出原子彈。

薩克斯先向羅斯福面呈了愛因斯坦的長信，接著讀出科學家們關於發現核分裂的備忘錄，然而，總統對這些枯燥、深奧的科學論述不感興趣。雖然薩克斯竭盡全力地勸說總統，但羅斯福在最後還是說了一句：

「這些都很有趣，不過政府若在現階段干預此事，似乎還爲時過早。」

這一次的交談，薩克斯失敗了。

第二天，羅斯福邀請薩克斯共進早餐。薩克斯十分珍惜這個機會，決定再嘗試一次。

一見面，薩克斯尚未開口，羅斯福便以守爲攻地說：「今天我們吃飯，不許再談愛因斯坦的信，一句也不許談，明白嗎？」

薩克斯望著總統含笑的面容說：「行，不過我想談一點歷史。」因爲他知道，總統雖不懂得物理，但對歷史卻十分精通。

「英法戰爭期間」，薩克斯接著說，「在歐洲大陸一往無前的拿破崙，在海戰中卻不順利。這時，一位年輕的美國發明家羅伯特・富爾頓來到這位偉人面前，建議把法國戰艦上的桅杆砍斷，裝上蒸汽機，把木板換成鋼板，並保證這樣便可所向無敵，很快拿下英倫三島。但是，拿破崙卻想，船沒有帆就不能航行，木板船換成鋼板船就會沉沒。他認爲富爾頓是個瘋子，把他趕了出去。歷史學家在評價這段歷史時認爲，如果拿破崙採取富爾頓的建議，十九世紀的歷史將會重寫。」

薩克斯講完後，目光深沉地注視著總統。他發現總統已陷入了沉思。

過了一會，羅斯福平靜地對薩克斯說；「你勝利了！」薩克斯激動得熱淚盈眶，他明白勝利一定會屬於盟軍。

薩克斯的諫君術大功告成。

引用史實可以充分發揮歷史事實、典故無可辯駁的說服力，生動形象而且引人入勝，有助於人們從中得出結論。

值得注意的是，所用事例要避開那些已被廣泛應用的材料，那樣會讓人覺得平淡無味，喪失興趣，當然也達不到預期的效果。

18 比喻暗示

在說服之前，最先應該的是說服自己，充份了解自己的立場與優勢，提出自己也能信服的意見，才能在適合場合與時機裡，自然而然地把意見包裝在談話當中暗示對方，進而說服成功。

曾經有一位公用事業公司的副經理運用暗示，成功地使一位顧客高興地買下了該公司銷售的電冰箱。當時，他看到店員和這位顧客在說話，便走過去說道：「這臺冰箱倒是很好，不是嗎？」

「我看並不見得很好。」那位婦女搖搖頭回答。

「怎麼，你認爲這臺冰箱不好，會嗎？這冰箱的外形和性能是由頂尖的工業設計師與工程師聯合研製成功的，不管從外觀、容量和結構，還是從性能和效果方面來看，都是很好的，可是你認爲這冰箱有哪些地方不協調呢？」

「這幾點倒還可以，只是不應該把那個圓圓的東西裝在頂上，那有多難看啊！」

「這你就不懂了，頂上那個圓蓋子，才是我們這種冰箱的最大特色。現在市面上使用的那種冰箱，其馬達都是安裝在廚房的，很不方便，我們這種冰箱卻可以將馬達安裝在圓頂上，方便之極。買了回去，鄰居太太見了說不定會羨慕不已，說你買了一臺好冰箱呢！如果你買一臺那種普通的冰箱回去，鄰居見了，也不覺得怎麼新奇，也許看一下就忘掉了，不是嗎？」

副經理說完就進去了，這位婦女覺得很有道理，於是便爽快地將這臺冰箱買走了。

人都是希望別人看重自己，這位婦女也一樣，希望別人把她看成一個能幹的主婦。這位副經理正是抓住這一點，不動聲色地引導這位太太進入他預先佈置好的圈套，最後不知不覺地將冰箱銷售出去。這就是暗示的力量。

19 善用術語

在說服的同時，運用科學知識及專業術語，可令人產生尊敬之心，甚至當你語不達意的時候，可以贏得緩和的思考時間。

說服術是一門極深奧的學問，必須衡量當時的對象和場所，採取適當的對策。精明人爲：當你發現某些話題容易引起聽者誤會，或刺傷對方的感情時，就不可魯莽地明言，而應該採取迂迴或抽象的辭彙，讓對方免除下不了臺的尷尬場面。

請勿高嚷：「哎呀！你怎麼如此不中用，竟然連這點兒小事都辦不好！」應該用體諒的語氣。委婉地說：「處理簡單的事，反而更容易出錯，這幾乎是每個人的通病，你無需耿耿於懷！」不可冒昧地說：「天啊！你竟然這麼老了！」應該讚美對方：「你確實駐顏有術，居然看不出絲毫的老態。」如此，定能賓主盡歡，雙方感情倍增。

倘若有人為家中的淘氣孩童而怒氣衝天，你就可以告訴他，這是小孩子的通性。況且越愛搗蛋的小頑童，越是聰明伶俐，應該引以為安慰才是、至於美人遲暮，慨歎年華老去的時候，則以「自然界的生物，皆有老化的現象；而年齡的增長，卻使人更為成熟與睿智……」之類的話語來勸慰她。

總之，當你面臨與上述類似的話題時，應將男、女、老、少等，一般化的詞語，來代替第二人稱單數名詞，使對方覺得有所依傍，警戒心也就自然消久了，更會下意識地贊同說服者所提出的道理。

每人幾乎都有自己喜歡的語彙或語調，只要聽到這些特定語，就會立刻產生共鳴，頓時瓦解心理的武裝。例如：山東人聽到鄉音，馬上有陶然如醉之感，北平人乍聞標準的京片子，定會怦然心動，湧現一股如逢故友的興奮情緒。如果你想遊說一位平常是麻將迷的同事，不妨在談話時穿插一些麻將術語，引發他的興趣；倘若對方是棒球迷，那麼，「全壘打」、「三振出局」、「接殺」、「盜壘」……等術語，將會產生魔咒般的效果，使他很快地和你稱兄道弟了。因此，活用各種專門性的術語，作為談話時的點綴，必定會收到令你喜出望外的效果。

流行語是某些風行一時的特定語，這些詞語通常都是在偶然的因素下發明的，且與原意迥然不同。譬如目前極爲流行的「蓋」、「馬子」等特殊的字眼，乍聽之下，眞令人有墜入五里霧中之感，怎麼會想到它們是「吹牛」與「女孩」的代稱呢？但是，這些流行語的傳播速度，極爲驚人，接觸幾次以後，多數人就會見怪不怪而朗朗上口了。年長者或地位高的人，若想成功地說服那些桀傲不馴的年輕人，在談話中加入幾句流行語，必定可收畫龍點睛和近似特效藥的效果。

20 層層推進

凡事都要由淺至深，循序漸進，步步爲營，逐漸推進，說服時亦然。

色諾芬尼的《回憶錄》中，有一段關於蘇格拉底和歐西德的對話。

歐西德：我生平所做之事，有無「不正」的？

蘇格拉底：那麼，你能舉例說明什麼是「正」，什麼是「不正」嗎？

歐西德：能。

蘇格拉底：虛僞是正還是不正？

歐西德：不正。

蘇格拉底：偷盜呢？

歐西德：不正。

蘇格拉底：侮辱他人呢？

歐西德：不正。

蘇格拉底：偷竊敵人而侮辱敵人，是正還是不正？

歐西德：正。

蘇格拉底：你方才說侮辱他人和偷竊都是不正，現在又何言正呢？

歐西德：不正只可對敵不可對友。

蘇格拉底：假如有一將軍見其軍隊士氣頹廢，不能作戰，他便欺騙他們，說『援軍將至，勇往直前吧！』因此，他的軍隊大獲全勝，這是正還是不正？

歐西德：正。

蘇格拉底：小孩生病，不肯吃藥，父親騙他說『藥味很甜』。孩子吃了，救了性命，這是正還是不正？

歐西德：正。

蘇格拉底：你說不正只可對敵，不可對友，何以現在又可以對友呢？

歐西德：……

在這裡，蘇格拉底便是運用層層剝筍的辦法，一步步說出歐西德邏輯上的錯誤，最終使他無言以對，不得不佩服蘇格拉底。

生活中，在某些場合，你不妨運用此方法，循序漸進，把握脈絡，把道理說透，不由得對方不服。

一九二一年，美國西方石油公司董事長兼總經理哈默聽說蘇聯實行了新經濟政策，鼓勵外資進駐，就想把自己公司的業務範圍擴展到蘇聯這個龐大的國外市場。他想，目前蘇聯最需要的是消滅饑荒，得到大量的糧食，而此時美國正值糧食大豐收之際，一美元可買到三十五斤大米。農民寧肯把糧食燒掉，也不願以這樣的低價送往市場出售。而蘇聯盛產毛皮、白金、綠寶石，這些正是美國市場急需的，如果能交換雙方的產品，豈不是要大賺一筆？哈默打定主意，便來到了蘇聯。

哈默到達莫斯科的第二天早晨，就被召到列寧的辦公室，列寧和他作了親切的交談。糧食問題談完以後，列寧對哈默說：

「先生，不知你對在蘇聯投資、經營企業有無興趣？」

哈默聽了，默不作聲，面無表情。

因爲，當時西方對蘇聯實行的新經濟政策抱有很深的偏見，作了許多惡意宣傳，使許多人把蘇聯看成可怕的怪物。到蘇聯經商或投資辦企業，被人稱作

「到月球探險」。常言道：眾口鑠金，積毀銷骨。哈默雖做了勇敢的探險者，同蘇聯做了一筆糧食交易，但對在蘇聯投資創辦企業一事，還是心存顧慮。

列寧看透了哈默的心事。於是，他講了實行新經濟政策的目的。

「我們實行新的政策，目的是爲了發展我們的經濟潛能。我們歡迎所有的朋友到這裡投資，並給予優惠，我以官方的名義擔保你們不會受到任何人爲的損害。」

哈默還是不語。

列寧看出他還是心存疑慮，便接著開展心理攻勢：

「你放心，我們的政府不僅不會給你增添任何麻煩，還會向你提供任何幫助。」

列寧看到哈默的眼神中還流露出不放心的意思，就索性把話說的一清二楚：

「我們都明白，我們必須確定一些條件，保證你們有利可圖，商人不是慈善家，除非覺得可以賺錢，不然只有傻瓜才會在蘇聯投資，你說對吧，哈默先生？」

就這樣，列寧終於說服了哈默，不久之後，哈默成了第一個在蘇聯經營企業的美國人。

列寧對哈默的不解和疑惑，像剝竹筍一樣逐層加以分析、解釋，循序漸進，說理透徹，使得哈默解除疑慮，最終在蘇聯投資。

運用層層剝筍法時，要注意幾個問題。

首先，你要明白「剝筍」的最終目的是什麼，而後在「剝」的過程中緊緊圍繞這一目的，也就是說，你每一步都是爲最後的目的服務的，不涉及最終目的或者與最終目的僅僅是有些牽連的問題最好不要涉及。

其次，在「剝」的過程中要有層次，即要循序漸進。前一步是爲下一步服務的，中間不能有脫節，否則就給人一種牽強附會、強拉硬扯的感覺。

總之，層層剝筍法的運用要靠你在實踐中慢慢去領悟，只有不斷實踐，才能熟練地運用，才能達到目的。

21 圍師必闕

斬釘截鐵的話往往會把話說死，刺傷人的心，凡事要想後路及結果，圍師必闕，留個退路給對方就是留退路給自己，疑問句比較委婉，易使人接受。

我們進行說服工作時，最容易犯的錯誤之一，是當我們發現對方犯錯時，就直言：「那是不對的，像這種事，任何人只要想一想，都可明白的！」以這種批評對方無知的態度，打擊對方的自尊心。對方的自尊心受損之後，就像剛才所說的一樣，不是一言不發，就是故意在言詞上挑毛病，拒絕說服者的要求。

因此，我們必須在不會刺傷對方自尊心的原則下，進行說服工作，換句話說，當對方犯了明顯的錯誤時，切忌立即指出或批評，應顧左右而言他，迴避此一問題，來說服對方。美國著名的政治家B．富蘭克林年輕時，常喜在公共場所大放厥辭，高談闊論，是屬於徹底打擊對方的典型。因爲他的言詞到處傷人，時日一久，就沒有人願意傾聽他的高論了，當他發覺眾人都在迴避自己時，立即檢討錯誤的癥結，改變說話的語氣。

後來，他將自己的意見，改用疑問的口氣來敘述，如此一來，他的語鋒不再銳利刺人了，大家也能平心靜氣地接受他的議論。從此，他在政壇上平步青雲，這是眾所周知的事。

因此，我們不可以「我認爲絕對是這樣」等斬釘截鐵的口氣和態度，來威壓對方，而應改用「是不是這樣呢？」等委婉的態度，和對方接觸，這也是攻心說服術之一。

不過，說服者若不小心刺傷對方的自尊心，而對方已經採取強硬的防衛態度，也就是顯露拒絕的態度時，應該如何處理呢？這時，說服者應暫且迴避此一問題，或避重就輕地帶過，待對方的情緒稍微平靜之後，再繼續進行。

因爲，此時若深入地討論此一問題，不僅會激使對方潛藏於深層心理的自尊心，露出意識面，而勃然大怒，並且還會將對方逼至死角，當對方作困獸之鬥時，說服工作當然會無疾而終。像這種情形，有時，對方在心裡的某一角落裡，會承認說服者的道理，說服者若能洞悉其心理，並算出對方的「感情冷卻期間」，等待對方自主的判斷，那麼，對方有時也會出乎意料之外地表現出軟化的態度。

22 欲擒故縱

如果對方是一個思想保守的人，要他採納新作法，就得運用一些技巧，激將法、欲擒故縱都較能達到目的。

這是關於著名工程師惠爾如何折服一個剛愎自用的工頭的故事。有一次，惠爾想在其負責的工段更換一個新式的指數表，但他料定工頭必會反對，於是惠爾略施了一個小計。

惠爾去找工頭，腋下夾著一只新式指數表，手裡拿著一些徵求意見的文件資料。當兩人討論事情時，惠爾把指數表從左腋換到右腋地來回移動了好幾次，終於，工頭開口請求惠爾：「那是什麼？給我看一看。」「哦，你看它做什麼，你們組裡又不用這個。」惠爾裝作很勉強的樣子，將指數表遞給工頭，在工頭審視的時候，惠爾就隨意但非常詳細地，把儀器的效用說給他聽。工頭很快就掉進圈套說：「我們組裡用不到嗎？怎麼會，這正是我早就想要的東西！」

惠爾故意這樣採用激將法，欲擒故縱，結果很巧妙地達到了目的。

有許多人常常苦於自己的意見不被重視，其實仔細找一找原因，原來問題在於自己還不明瞭「如何使人採納自己意見」的方法。

23 避實就虛

不直接點出問題所在，舉出其他例子，層層深入，邏輯性更強，使人信而不疑，難以駁回。

秦孝公二十五年（前三三九年），縱橫家蘇秦遊說惠文王失敗後一年，他苦讀有成捲土重來，二度展開他的遊說活動。

此次出行，蘇秦的目的是要使燕、趙、韓、魏、楚、齊六國締結聯盟，共同對付秦國，這就是歷史上著名的「合縱抗秦」之策。蘇秦首先北上說服了燕文侯，燕文侯十分高興地對蘇秦說：「我的國家是個小國，力量薄弱，西邊受到強秦的威脅，南邊又靠近齊國和趙國，齊、趙兩國都是強國，現在你以合縱抗秦之策，讓燕國參加合縱以安定燕國，我願意率領全國百姓聽從你的安排。」

燕文侯死後，燕易王即位，齊國趁燕國辦喪事之機向燕國發動進攻，奪取了燕國的十個城池。蘇秦得知此事，便爲了燕國去遊說齊威王，齊威王以上賓的禮節接見了蘇秦。蘇秦首先向齊王跪拜兩次，祝賀齊國奪取了燕國的十座城池，緊接著又仰面朝天，爲齊國弔喪。齊王非常震驚，按戈倒退了幾步對蘇秦說：「你這個人先是慶賀，後又弔喪，究竟是何居心？」

蘇秦不慌不忙地回答說：「人們在饑餓的時候，所以不吃毒藥附子，是因爲它雖然暫時可以吃飽肚子，終究還會死去，這同饑餓而死，同樣都是令人痛苦的。現在燕國雖然弱小，卻是強秦的女婿，燕易王的妻子正是秦惠文王的女兒，大王貪圖燕國的十座城池，卻和強秦結下了深仇。您的這些做法，是想促使燕國成爲進攻齊國的先鋒，使強秦作爲燕國的後盾，把天下最精銳的秦兵招來進攻齊國，這恰恰如同是吃了毒藥附子一樣。」

齊王聽了，非常恐懼，問蘇秦說：「如此說來，那該怎麼辦呢？」蘇秦回答說：「聖人處理事情，就是要『轉禍而爲福，因敗而爲功』。大王如能聽取我的建議，不如歸還燕國的十座城池，謙恭地向秦國謝罪，秦王知道大王是因爲秦國的緣故才歸還燕國的十座城池，一定會感激大王。燕國不費吹灰之力而收回了十座城池，也一定會感激大王，這就是摒棄深仇而建立厚誼的辦法。如果秦國和燕國都侍奉齊國，大王發出的號令，天下諸侯各國誰敢不服從？這種做法，就是使您以空洞的言詞去順從秦國，並以退還燕國十座城池換取了號令天下的成果，這也正是稱霸天下的事業，轉禍爲福、轉敗爲功的事業，大王您爲什麼不趕快去做呢？」

齊王聽了，高興萬分，馬上將燕國的十座城池奉還，並贈送黃金一千斤給燕國的王后，向燕國表示歉意。蘇秦離開時，齊王一路上不斷叩頭，表示願意與燕國結爲兄弟之國，並且向秦國表示謝罪。

當蘇秦離燕使齊時，有些大臣因嫉妒蘇秦，便在燕易王面前說蘇秦的壞活，挑撥蘇秦與燕王的關係。他們對燕王說：「蘇秦是天下最不可相信的人。大王以萬乘之國君主的身份甘居於區區蘇秦之下，在朝廷上尊崇他，這是在向天下顯示燕國的君臣與小人爲伍。」

燕易王聽信了讒言，當蘇秦從齊國回來後，燕王不但不表彰蘇秦收回燕國十座城池，使齊國向燕國請求修好之功，反而疏遠蘇秦，不再任用蘇秦爲官。

蘇秦見自己對燕國的忠信舉動得不到燕王的賞識，反而遭到燕王的冷落，知道是有人在燕王面前中傷於他，便面見燕王說：「我原是東周洛陽的一個鄙陋之人，當初步行數千里來拜見大王的時候沒有一點兒功勞，大王卻親自到郊外來迎接我，使我在朝廷上當官做事。如今，我作爲大王的使者，從齊國索回燕國的十座城池，使處境危險的燕國獲得了安定，而大王卻不相信我。這一定是有人在大王面前中傷我，我的忠信之舉卻深深得罪了大王身邊的人。可見，講忠信是有罪過的。」

燕王說：「講忠信又有什麼罪過呢？」蘇秦回答說：「大王有所不知，臣請求得到允許向大王報告一件因忠信而獲罪的事。

我的鄰居有一個人到遠方去做官，他的妻子難忍寂寞，便與別人私通。當得知丈夫快要回家時，同她私通的那個人非常擔心，坐臥不安。那位妻子卻說：『您不必害怕，我已經準備好藥酒等著他了。』過了兩天，她的丈夫回來了，她指使小妾將藥酒送給她的丈夫。小妾知道那是一杯毒酒，如果獻上去，就要毒死自己的男主人；而講實話，男主人就會驅逐自己的女主人。於是，她假裝摔倒，把酒灑在地上。男主人大怒，揚鞭痛打了她一頓。她故意摔倒把毒酒灑掉，對上救活了男主人，對下保住了女主人。她的忠心達到了這種地步，竟然免不了一頓鞭打，她就是因爲忠信而獲得罪的人。

我的事，不幸正像那個棄酒的小妾一樣。我忠心侍奉大王，出使齊國，伸張了燕國的大義並且有益於燕國，如今竟然獲罪。我擔心，以後侍奉大王的人，恐怕沒有人再對大王講忠信了。況且，我遊說齊王，如說不出打動齊王的那番話，即使有堯、舜那樣的智慧，也不能索回被齊國侵佔的那十座城池。」

燕易王聽罷，知道錯怪了蘇秦，連忙向蘇秦表示歉意，仍舊像以往那樣重用蘇秦。

蘇秦之智在於，當燕易王聽信讒言、疏遠他時，他既不動怒，也不以直言向燕王諫諍，而是以巧妙的比喻，向燕王敘述忠而見嫌、忠而獲罪的事例，使得燕王幡然悔悟。

24 以理服人

遇到衝突時，假如你在憤怒之下，向對方一陣發作，氣也許會隨之消失，心裡也得意起來。但是對方呢？你得意時他能分享到一點嗎？

美國總統威爾遜講過：「假如你握緊兩隻拳頭來找我，我想我可以告訴你，我會把拳頭握得更緊；但假如你找我來，說道：『讓我們坐下商談一番，假如我們之間的意見有不同之處，看看原因何在，主要的癥結在什麼地方？』我會覺得彼此的意見相去不是十分遠。我們的意見不同之點少，相同之點多，並且只須彼此有耐性、誠意和願望去接近，我們相處並不是十分難的。」

某工程師嫌房租太高了，希望減低一點，但是他曉得房東卻是一個極固執的人，他說：「我寫給房東一封信說，等房子合同期滿我就不繼續住了，但實際上我並不想搬家，假如房租能減低一點我就繼續租下去、但恐怕很難，別的住戶也曾經交涉過都沒成功。許多人對我說房東是一位很難對付的人。可是我自己心中說：『我正在學習如何待人這一課，所以我將要在他身上試一下，看看有無效果。』」

「結果，房東接到我的信後，便帶著他的租賃契約來找我，我在家親切招待他。一開始並不說房租太貴，我先說如何喜歡他的房子，請相信我，我確是『真誠的讚美』。我表示佩服他管理這些房產的本領，並且說我真想再續住一年，但是我負擔不起房租。」

「他像從來不曾聽見過房客對他這樣說話，簡直不知道該怎樣處置。隨後他對我講了他的難處，以前有一位房客給他寫過四十封信，有些話簡直等於侮辱，又有一位房客恐嚇他說，假如他不能讓樓上住的一個房客在夜間停止打鼾，就要把房租契約撕碎。他對我說：『有一位像你這樣的房客，心裡是多麼舒服。』繼之不等我開口，他就替我減去一點房租。我想能多減點，我說出所能負擔的房租數目來，他二話不說就答應了。」

「臨去的時候，他又轉身問我房子有沒有應該裝修的地方。假如我也用別位房客的方法要求他降低房租，我敢肯定說也會像別人一樣遭到失敗。我之所以勝利，全賴這種友好、同情、讚賞的方法。」

有一段關於風和太陽的神話。風和太陽爭執誰的力量大，風說道：「我能證明我的力量大，看，地下正走著一個老者身披大衣，我能比你更快地使他把大衣脫掉。」

於是太陽躲進烏雲裡，風使出他的威力狂吹，但是風吹得越大，那老者越用手拉緊他的大衣。

最後風筋疲力盡了，停止了，太陽從雲彩裡走出來，開始對著那老者和氣地笑。不久那老者便用手拭他前額的汗並將大衣脫去。於是太陽對風說：「仁慈和友善永遠比憤怒和暴力更爲有力。」

這個是有趣的寓言，但願也能給你一些深刻的啓示。

25 威脅導致反效果

只要是人，誰都不怕誰，用威脅語想達到目的，就像用武力一樣反而達不到目的。

當我們試圖進行說服工作時，爲了讓對方留下強烈的印象，往往會誇大其辭。譬如，父母碰到自己的孩子不聽話時，常會以「再不乖，就把你賣掉」，來威脅孩子，這種威脅在說服術的立場來說，是否有效呢？

美國心理學家加尼斯和費修巴克曾作過如下的實驗：他們將一群高中生分爲A、B、C三組，分別講述保護牙齒的方法。他們首先讓A組觀看足以引起強烈恐懼感的牙齒生態圖；再讓B組觀看會引起中程度恐懼感的圖片；最後讓C組看幾乎不會引起恐懼感的圖片。然後，再調查將演講時所說明的牙齒保護法，付諸實行的比率，以及一星期後，受到反宣傳影響的程度。結果，觀看幾乎不會引起恐懼感的圖片的C組，比接受強烈恐懼感威脅的A組，較認眞地實行牙齒保護法，並且被反宣傳所迷惑的程度也較低。由這種結果可以看出，增強對方恐懼感的威脅說服法，雖然一時會留下深刻的印象，但是，這種方法不僅效果小，印象的持續時間也很短暫。

有一次，某駕駛訓練班讓學員觀看車禍現場的影片，旨在強調遵守交通規則的重要性。可是，學員們受到了如此強烈的刺激後，反而產生保存自我意欲的行爲，心理失去平衡，而陷於強烈的不安狀態。由此可知，當對方已有不安感時，威脅方式的說服法，只會增強對方的心理防禦，根本無濟於事。

譬如，孩子張著嘴大哭，不願到醫院去看病，這時，媽媽如果恐嚇他：「你再哭，醫生就要用很粗的針扎你的屁股了。」用這類的話來威脅孩子，只會增加其不安感，而以更強硬的態度來拒絕。因此，在這種情形下，媽媽應該慈愛地告訴孩子：「你可以帶本圖畫書去，跟媽媽一起看。」這樣來遊說他，雖然孩子實際上還是拒絕了，但是，由於媽媽的暗示，到醫院的有利畫面就會被強調出來，因此，孩子仍是會乖乖地到醫院去的。

這種說服術不僅適用於孩子，當對方產生不安感時，運用此法亦可奏效，譬如，知道對方陷於不安的狀態時，必須避免直接觸及造成不安感的問題，而談些周遭的事情。亦可暗示他，其所持有的不安感，事實上並不如想像的那樣嚴重，只是無足輕重的瑣碎罷了。

第三章

衝突應變

3

26 婉言服人

以委婉的態度說話軟話，並不是懦弱退讓，而是胸有大度；以強硬的態度說話並不是有骨氣，而是雞腸小肚。

一個賣場售貨員遇上一位中年男客人要退一只電鍋。那鍋已經用得半舊半新了，他卻粗聲粗氣地說：「我用了一個多月就壞了，這是什麼鳥貨？你再給我換一只！」

售貨員耐心解釋，他卻大吼大叫，並且滿嘴髒話：「我來了你就得給退，光賣不退算個鳥！」

這名顧客粗俗的語氣，蠻不講理的神態，連周圍其他客人都感到氣憤，盼著那名售貨員給他點顏色瞧瞧，令他以後做事不要那麼猖狂。

那名售貨員雖然有理，但為了不使爭吵繼續下去，更何況無論什麼理由與顧客爭吵不休都是經商之大忌，便溫和地對那位中年男子說：「先生，這種電鍋已經用了一段時間了，又沒有品質問題，按我們這兒的規定是不能退的。可是你執意要退，要不這樣吧，你把它賣給我吧。」

就在售貨員掏錢的時候，那名粗暴的顧客臉紅了，他默不作聲，慢慢地轉身，最終在圍觀的人們的哄笑中悄然離去。

顯然，售貨員的笑容與自責方式起到了良好的作用，它反襯出了對方的無理和低劣，從而制止了事態的擴大。

一所醫院裡，病人擠滿了候診室。一個病人排在隊伍當中，將手中的報紙反反覆覆看了幾遍還是沒有向前挪動一步，不由得怒火中燒，敲著候診室的窗戶對護士大喊：「你們這是什麼醫院？這麼多人排隊你們看不見嗎？為什麼不想辦法解決？我們都還有事呢。」

護士小姐面對病人的怒火，耐心解釋：「很抱歉，讓你等了這麼久。是這樣的，剛剛來了位危重病人，醫生去搶救了，一時脫不了身。我再打電話問問，看看他還要多久才能出來，謝謝你的耐心等候。」

一席話，說得那個病人不好意思了，一個勁地向護士小姐道歉。

現實中，每個有骨氣的人，恐怕都是吃軟不吃硬的心態，幾千年的倫理思想向我們灌輸的是，人不可無傲骨，不受嗟來之食，這些都沒有錯。問題是我們如何來靈活地運用，比如有人以命令的口吻要求你做這做那，再有修養的人恐怕也想說：不！

所以，爲人不可過於固執，是你理虧理所當然要道歉和解；如果是有理，讓人一步也不失身份，人們最終會明白你是正確的，同時也會稱道你的寬宏大量。

27 支支吾吾

模糊語言是緩衝劑，在事情還不明朗、不能公開或沒決定之時，解除當頭的燃眉之急。

在社交場合尤其是談判中要留下餘地，運用模糊語言是經常使用的重要手段。因爲受到人的思想情緒、談判內容、周圍情境等諸多因素的制約，談判的過程一般來說總是複雜多變的，節外生枝、始料未及的情況發生，是常有的事。因此，談判的過程中，說話一定要注意分寸，留有餘地，話不能說太「滿」，要使說話具有一定的彈性，給自己留下可以進退的餘地。

模糊語言靈活性高，適應性也強。談判中對某些複雜的論點或意料之外的事情，不可能一下子做出準確的判斷，這時就可以運用模糊語言來避其鋒芒，以爭取時間做必要的研究和制定對策。

比如在外交會談中，客人友好地邀請主方去他國訪問，主方應按照禮節高與地答應下來，但往往由於種種原因，不能輕率確定具體日程，這時常以模糊語言作答：「我們將在適當的時候去貴國訪問。」這個「適當的時候」可以是一個月、一年、幾年之內，甚至更長時間，具有相當的靈活性。這樣既不會使對方不快，自己又不用為難。

又如對某些很難一下子做出回答的要求和問題，可以說：「我們將儘快給你們答覆。」「我們再考慮一下。」「最近幾天給你們回音。」這裡的「儘快」、「一下」、「最近幾天」都具靈活性，留有餘地，可使自己避免盲目做出反應而陷入被動局面。

28 故作糊塗

在社交中有時會遇上尷尬的場面，這時施小聰明的話就得等著吃大虧，裝個糊塗反而能化解困境。

清代文學家、書畫家鄭板橋有一句著名的格言：「難得糊塗」。所謂「難得糊塗」實際上是最清楚不過了。正因爲他看得太明白、太清楚、太透徹，卻又對箇中緣由無法解釋，倘若解釋了，更生煩惱，於是便裝起糊塗，或說尋求逃遁之術。

現實人生錯綜複雜，盤根錯節，確實有許多事不能太認眞，太計較。做人太認眞，不是扯著胳臂，就是動了筋骨，越弄越複雜，越攪越亂。順其自然，裝一次糊塗，不失原則和人格，或爲了公眾爲了長遠，哪怕暫時忍一忍，受點委屈也値得，心中有數（樹），就不是荒山。有時候，事情逼到了那個地步，就玩一次智慧，表面上給個「模糊數學」，令對方丈二和尙摸不著頭腦，也是

「難得糊塗」。評審、考核時，某候選人向你面授機宜，討個「人情」，你明知道他不夠格，可又不好當面掃他的興，這時候該怎麼辦？要嘛不哼不哈，要不嘻嘻哈哈，下筆時再認眞評斷，不失原則。人格呢，似乎也不失，當事人問到了，坦誠指出他不夠格的地方，不問順其便。「難得糊塗」是既可免去不必要的人事糾紛，又能保持人格純淨的妙方。

「難得糊塗」作爲「牢騷氣」，原來就是緣由「不公平」而發的。世道不公，人事不公，待遇不公，要想剷除種種不公，又不可能，或自己無能，那就只好祭起這面「糊塗主義」的旗幟，爲自己遮蓋起心中的不平。假如能像濟公那樣任人說他瘋，笑他癲，而本人則毫不介意。照樣酒肉穿腸過，「哪裡有不平哪有我」，專撿達官顯貴「開刷」，專替窮苦人、弱者尋公道，我行我素，自得其樂。這種癲狂，半醒半醉，亦醉亦醒，也不失爲一種「糊塗」。這種糊塗眞正是「參」透、「悟」透了。所以當你面對現實、要學笑容可掬的大肚彌勒佛，「笑天下可笑之人，容天下難容之事」，那就會進入一種超然的境界。

29 訓誡宜少

假若同樣的事件或錯誤不會再發生了，那麼在批評之前，最好先三思而行。

不同的人由於經歷、文化素養、性格特徵、年齡等的不同，接受批評的承受力和方式有很大的區別。因此主管應依照各個同仁的不同特點，採取不同的批評方式。

不同的人對於同一批評，會有不同的心理反應，因爲不同的人，性格與修養都是有區別的。

可以根據人們受到批評時不同反應將人分爲遲鈍型反應者、敏感型反應者、理智型反應者和強個性型反應者。反應遲鈍的人即使受到批評也滿不在乎；反應敏感的人，感情脆弱，臉皮薄，愛面子，受到斥責則難以承受，他們會臉色蒼白，神志恍惚，甚至會從此一蹶不振，意志消沉；具有理智的人在受到批評時會感到有很大的震撼，能坦率認錯，從中汲取教訓；具有較強個性的人，自尊心強，個性突出，「老虎屁股摸不得」，遇事好衝動，心胸狹窄，自我保護意識強，心理承受能力差，明知有錯，也死要面子，受不了當面批評。

針對不同特點的人要採用不同的批評方式，對自覺性較高者，應採用啓發做自我批評的方法；對於思想比較敏感的人，要採用暗喻批評法；對於性格耿直的人，採取直接批評法；對問題嚴重、影響較大的人，應採取公開批評法；對思想麻痺的人應採用警示性批評法。在進行批評時忌諱方法單一，死搬硬套，應靈活掌握批評的方法。

正確的批評要求細密周到，恰如其分，普遍性的問題可以當面進行批評，對於個別現象就應個別進行。另外，也可以事先與之談話，幫他提高認識，啓發他進行自我對照，使他產生「矛頭不集中於『我』」的感覺，主動在「大環境」中認錯。另外，還要避免粗暴批評。

對下屬的粗暴批評不會產生很好的效果。員工聽到的只是惡劣言語，而不是批評的內容。他們的心中充滿了不服和哀怨。這就使其產生逆反心理而不利於問題的解決。

要學會運用「胡蘿蔔加棒子」的策略，防止只知批評不知表揚的錯誤做法。在批評時運用表揚，可以緩和批評中的緊張氣氛。可以先表揚後批評，也可先批評後表揚。

批評還要注意含蓄，借用委婉、隱蔽、暗喻的策略方式，由此及彼，用弦外之音，巧妙表達本意，揭示批評內容，引人思而領悟。萬萬不可直截了當地說出批評意見，開門見山點出對方要害。

在批評時，可以運用多種方法。如：通過列舉分析歷史人物是非，烘托其錯誤；通過列舉和分析現實中的人物的是非，暗喻其錯誤；通過分析正確的事物，比較其錯誤；還可採用故事暗示法，用生動的形象增強對他的感染力；笑話暗示法，通過一個笑話，使他認識錯誤，既有幽默感，又使他不至感到尷尬；軼聞暗示法，通過軼聞趣事，使他聽批評時，受到點影射，也易於接受。總之，通過提供多角度、多內容的比較，使人反思領悟，從而自覺愉快地接受批評，改正錯誤，這才是我們所關心的問題。

對於十分敏感的人，批評可採取不露鋒芒法，即先承認自己有錯，再批評他的缺點。態度要謙虛，謙虛的態度可以使對方的抵觸情緒很容易消除，使他樂於接受批評。例如，可以對人這樣批評：「這件事，你做得不對，以後要注意。不過我年輕時也做不好，經驗少，也出過很多問題，你比我那時強多了。」

有時一些問題一時未弄清，涉及面大或被批評者尚能知理明悟，則批評更要委婉含蓄。先表明自己的態度，讓下屬從模糊的語言中發現自己的錯誤。但是，也不能一概而論，對嚴重的錯誤，應當嚴厲批評。另外對於執迷不悟者和經常犯錯誤者，都應作例外處理。要麼是他們改正錯誤，要麼是你不用他們。

在批評的同時，千萬要用詞恰當。

「你是騙子」、「你太沒有信用」等話會刺傷對方。只要評論事實即可，即使是對方沒有信用也不能如此當面斥責。此外，千萬不要否定部屬的將來。「你這人以後不會有多大出息」，「你這樣做沒有人敢娶你」，「你實在不行」。主管是不該說出這樣的話的。須以事實爲根據，就事說事，就部下目前情形而論，不要否定部屬的將來。

應該用具體的事實作例子，最好從最近發生的事情說起。避免做人身攻擊，例如開門見山地說：「你工作不力。」這類批評容易引起對方的不滿，甚至導致衝突；妥當的方法是舉出具體的事實說：「你的報告，比預計的進度慢了兩天。」

當然，如果在批評中加些讚美辭作點綴，其效果會更加好。

歐美一些企業家主張使用「三明治」批評方法，即在批評別人時，先找出對方的長處讚美一番，然後再提出批評，而且力圖使談話在友好的氣氛中結束，同時再使用一些讚揚的詞語。這種兩頭讚揚、中間批評的方式，很像三明治這種中間夾餡兒的食品，故以此爲名。用這種方式處理問題，對方可能不會太難爲情。減少了因被激怒而引起的衝突。這種方法在很多情況下是比較有效的，其優點就在於由批評者講對方的長處，起到了替對方辯護的作用。對方的能力、爲人、工作是否努力等方面，有很多可以肯定的地方，批評者如果視而不見，對方可能會覺得不公平，認爲自己多方面的成績或長期的努力沒有得到應有的重視，而一次失誤就被抓住，大概是對方專門和自己作對。而批評者首先讚揚對方，就是避免對方的誤會，表明主管對他的工作的承認，使他知道批評是對具體事而不是對人的，自然也就放棄了用辯解來維護自尊心的做法。

當我們聽到別人對我們的某些長處表示讚賞之後，再聽到他的批評，心裡往往會好受得多。美國麥金尼一八九六年競選總統時，也曾採用過這種方法。那時，共和黨有一位重要人物替麥金尼寫了一篇競選演說，他自以爲寫得高明，便大聲地念給麥金尼聽，語調鏗鏘，聲情並茂。可是，麥金尼聽後，卻覺得有些觀點很不妥當，可能會引起批評的風暴。顯然，這篇講稿不能用。但是，麥金尼把這件事處理得十分巧妙。他說：「我的朋友，這是一篇精彩而有力的演說。我聽了很興奮。在許多場合中，這些話都可以說是完全正確的。不過用在目前這種特殊的場合，是不是也很合適呢？我不能不以黨的觀點來考慮它將帶來的影響。請你根據我的提示再寫一篇演說稿吧，然後送給我一份副本，怎麼樣？」

那個重要的人物立刻照辦了。此後，這個人在競選活動中成了一名出色的演說家。

有的主管認爲先講讚揚的話，再批評，帶有操縱人的意味，用意過於明顯，所以不喜歡用。這種說法也有一定道理，因爲當你找到某人就表揚他，他根本聽不進你的表揚，他只是想知道，另一棒會在什麼時候打下來——表揚之後有什麼壞消息降臨。所以在更多的時候，許多主管把表揚放在批評之後，當我們用表揚結束批評時，人們考慮的是自己的行爲，而不是你的態度。以下是正確、錯誤的兩種說法：

正確：「我相信你會從中得到竅門——只要堅持試一試。」

錯誤：「你最好馬上就改進，要不然就別做了。」

在批評結束時對下屬表示鼓勵，讓他把對這次批評的回憶當成是促使他上進的力量，而不是一次意外的打擊。此外，還應該讓對方知道，雖然他屢次在某件事上處理不當，然而你卻尊重他的人格。爲了把你的尊重傳達給對方，適度的讚美和工作上的認同是必要的，否則光是針對對方的某項缺失提出批評，容易讓對方感到不受尊重，因而心懷不平。

30 無聲勝有聲

沉默是金，沉默是避免衝突、傳達意見與情緒的好方法。

不要指責對方的錯誤，而巧妙地維護對方的自尊心，雖然都是說服對方時，必須注意的事項，然而，此時亦有個不可忽略的說服技巧，那就是，於適當時機不與對方交談，亦即不與對方正面衝突的方法。

譬如，孩子的考試成績不理想，必然以爲，當這份「滿江紅」的成績單，呈現在父母面前時。定招來一頓責罵。所以，此時父母應緊閉雙唇，以溫和的微笑代替嚴厲的責罵。這麼一來，孩子反而會更加奮發，極可能在下次的考試中，有令人刮目相看的成績出現。

還有一個與此相似的例子：有位高中棒球隊的選手，在某次練球中，沒有向教練請假，便開溜了。當時，球隊的規定很嚴，如果這件事被發覺了，開小差的選手必會受處罰。

但是，當開溜的選手看完電影，回到球隊時，教練竟然若無其事地不吭一聲，從此以後，這位選手再也沒有偷懶過，很勤奮地參加練球。

這位選手畢業後，在某次的同學會碰到那位棒球教練，向他說：「教練，當時你一句話也沒說，這種無言的責罵勝過有形的處罰，眞是使我終生難忘！」說完，一副感慨良深的神情，教練則以嘉許的眼光看著他。

像這樣，不指責對方的失敗或錯誤，而以沉默代之，也是攻心說服術的秘訣之一，藉此種辦法，可使對方自我反省、自我苛責，以代替說服者的斥責。

以上所敘述的說服術，是在尊重對方自尊心的原則下，進行說服工作時，不可或缺的技巧，即使是在不得不指責對方的錯誤時，也應顧及對方的自尊心，選擇適當的時機，方可一一指出，這是必須注意的事項。

也許有很多人都經歷過，當你在別人面前被指責或斥罵時，不但自尊心受損，也常覺得面子掃地，是一種無比的恥辱，永遠烙在心版上。特別是，女性在其他女性面前，被刺傷自尊心的感覺，是比死還難過的，的確，這是女性自尊心的特徵，因此，應非常留意，儘量避免在他人面前，給她們任何難堪。

所以，在超級市場或百貨公司等地方，若有家庭主婦順手牽羊，負責人也都會顧慮到這種深層心理，將她們帶至別的地方處理，這種情形從攻心說服術的立場來看，也是足資效法的方法之一。

31 點到為止

忠言逆耳，你的一句話可能贏得他的尊敬，也有可能招來殺身之禍。因而在提出忠告時，要注意策略，愼之又愼，點到爲止，留有餘地是非常必要的。

要想與某人的關係更進一層，除了一般的關懷和讚美外，還要善於對他的缺點提出善意的批評，對他的不足提出忠告，這樣往往能贏得對方的信任，甚至將自己視爲他的知己。

良藥苦口利於病，忠言逆耳利於行。忠告的話聽起來一般都讓人難以接受，甚至會引起他人反感或抵抗，取得相反的效果。商朝末年，紂王昏庸無道，丞相比干多次進諫，紂王非但不聽，還下令將比干剖心處死。在商業行爲中，對主管提出忠告很有可能遭致他的嫉妒，結果自己被炒，走人了事；對於下屬的忠告也往往引起他們的不滿情緒。那麼，怎麼進行忠告呢？

（1）忠告要先展現出「忠」：

忠告首先應該是對對方誠心誠意的關懷。當你對某人提出批評時，如果對方感受到你並不是爲了關心他才批評他，而是出於個人的某種意圖，他馬上會站到與你敵對的立場上。

對人提出忠告的時候，應該抱著體諒的心情。他誠然在某些方面做得不對，但是他可能有難言的苦衷。所以在提出忠告的時候，還要體諒他的難處，不要一味地強求或大加責難。必要的時候要深入他的內心，幫助他徹底地解決「心病」。

（2）從事實出發：

忠告要想獲得成功，必須了解眞實情況，不要捕風捉影。只有了解事實，才能清楚地判斷是否有必要提出忠告，提出忠告的角度怎麼選擇，忠告以後會有怎樣的效果。如果你只是公司的小職員，在對公司的計畫背景缺乏了解時就提出自己的看法，如何能獲得主管的信賴，更會被視爲思考問題不夠周到。不了解朋友的意圖，就對他的行爲妄加非議，對方會認爲你對他沒有盡一個朋友的責任。

憑藉聽到的資訊忠告別人，容易引起誤解。這時補救的辦法是，先與他溝通，聽聽他怎麼說，等了解清楚事實之後再想辦法消除誤解。

（3）選擇措辭：

掌握了事實眞相和對方的心理，就該拿出勇氣來忠告，指出他應該改善的錯處。當然要注意你的措辭，否則就容易得罪人。

「現在的年輕人自以爲是」，「別理他，反正我們沒有損失」，「這樣太可笑了……」作爲一名主管，諸如此類的措辭永遠都是失敗的。主管有指導屬下的義務，對下屬應有深切的愛護之情，以懇切的忠告作爲幫助他們進步的動力，能夠很快地獲得愉快的人際關係。如果害怕得罪人，一味地保持緘默，做個老好人，最終無法獲得良好的人際關係。

（4）注意場合：

要注意，提出忠告，切忌在大庭廣眾之下。因爲提出忠告的時候必然涉及對方的短處，觸動他的傷疤，而每個人都有自尊心，被當眾揭短時，情面上很容易下不了臺，從而產生抵觸情緒。在這種情況下，即使你是善意的，他也會認爲你是故意使他當眾出洋相。

（5）把握時機：

在當事人感情衝動時不適合提出忠告，因爲在衝動的時候，理智起不到半點作用，也判斷不清你的用意，這時提出忠告，不僅不能解決問題，反而火上澆油。

（6）簡潔而突出重點：

提出忠告的時候，要注意簡潔中肯，按照「一時一事」的原則。若是回溯起對方過去的缺失，再予以責備，當然會引起對方的反感，不埋睬你的好心了。所以要掌握重點，不要隨便提及其他的事情是很重要的方法。

（7）留有餘地：

在提出忠告的時候要給對方留有餘地，不要把他指責得一無是處。「既然我已經這樣了，那就乾脆一錯到底」，最後反而不如不提忠告。必要的時候可以多舉出對方的一些優點，比如，你可以這樣說：「你平時工作努力，表現積極，惟一的缺點就是想問題的時候稍微草率了一點，如果你思考問題再慎重些，就很有前途了。」用這種口氣跟他說話，他會備受鼓舞，很容易地接受忠告。

32 顧及面子

面子是一個人的招牌，犯錯則是人生中不時會出現的情況，要批評一個人時，記得要先保護他的招牌，再替他去抹招牌上的灰塵。

有時，人難免因一時糊塗做一些不適當、「錯誤」的事。遇到這種情況，指責別人就需要適度：既要指出對方的錯誤，又要保留對方的面子。這種情況下，如果輕重把握得不適當，或者會使對方很難堪，破壞了交往的氣氛和基礎，可能因此帶來一系列嚴重的後果；或者讓對方占「便宜」的願望得逞，給己方造成不必要的損失。

心理學的研究表明，誰都不願把自己的錯處或隱私在公眾面前「曝光」，一旦被人曝光，就會感到難堪或惱怒。因此，在交際中，如果不是爲了某種特殊需要，一般應儘量避免觸及對方所避諱的敏感區，避免使對方當眾出醜。必要時可委婉地暗示對方已知道他的錯處或隱私，便可造成一種對他的壓力。但不可過分，只須「點到而已」。

在廣州一著名的大飯店，一位外賓吃完最後一道茶點，順手把精美的景泰藍食筷悄悄「插入」自己的西裝內袋裡。服務小姐不露聲色地迎上前去，雙手擎著一只裝有一雙景泰藍食筷的綢面小匣子說：「我發現先生在用餐時，對中國景泰藍食筷頗有愛不釋手之意。非常感謝您對這種精細工藝品的賞識。爲了表達我們的感激之情，經餐廳主管批准，我代表本店，將這雙圖案最爲精美並且經嚴格消毒處理的景泰藍食筷送給您，並按照本飯店的『優惠價格』記在您的賬簿上，您看好嗎？」

那位外賓當然會明白這些話的弦外之音，在表示了謝意之後，說自己多喝了兩杯「白蘭地」，頭腦有點發暈，誤將食筷插入內袋裡。並且聰明地借此「臺階」，說：「既然這種食筷不消毒就不好使用，我就『以舊換新』吧！哈哈哈。」說著取出內袋裡的食筷恭敬地放回餐桌上，接過服務小姐給他的小匣，不失風度地向付賬處走去。

英國首相邱吉爾也曾成功地處理過一件類似的事情。

一次，英國首相邱吉爾和夫人克萊門蒂娜一同出席某要人舉行的晚宴。席間，一位著名的外國外交官將一只自己很喜歡的小銀盤偷偷塞入懷裡，但他這個小小的舉動被細心的女主人發現了，她很著急，因爲那只小銀盤是她心愛的一套古董中的一部分，對她來說很重要。怎麼辦？女主人靈機一動，想到求助於邱吉爾夫人把銀盤「奪」回來，於是她把這件事告訴了克萊門蒂娜。邱吉爾夫人略加思索，向丈夫耳語一番。只見邱吉爾微笑著點點頭，隨即用餐巾作掩護，也「竊取」了一只同樣的小銀盤，然後走近那位外交官，很神秘地掏出口袋裡的小銀盤說：「我也拿了一只同樣的小銀盤，不過我們的衣服已經被弄髒了，所以應該把它放回去。」外交官對此語表示完全贊同，兩人將盤子放回桌上，於是小銀盤物歸原主。

即使是手下人犯了錯誤，你不得不批評他（她），在批評的時候也要言之有理。既要堅持原則性和鬥爭性，敢摸老虎屁股，又要以理服人，切不可口出惡語，挖苦諷刺，侮辱人格。同時要做到情理結合，情眞理切，特別是對落後者的批評，更要注意親近他們，滿腔熱情地幫助他們進步，才能收到好的效果。

（1）不怒髮衝冠，允許申辯：

批評和發脾氣不是一回事。發脾氣有時不但無助於批評的效果，往往還會把事情弄僵。員工做了錯事，或說了錯話，你難免不生氣，生氣歸生氣，做上級的總要有氣度和涵養，要能夠把握自己的情緒，批評時千萬不要聲嘶力竭。

（2）實事求是，不惡語相向：

批評宜以理服人，擺事實，講道理。你一味地挖苦侮蔑，或者以對方的缺陷爲笑柄，過分地傷害人的自尊，往往會適得其反。對方一旦產生抵觸，就很可能以其人之道還治其人之身。

（3）輕重有度，不一棍子打死：

批評應就事論事，一就是一，二就是二，哪兒疼就治哪兒的病，而不能誇大其辭，借機整人。不能因一時一事的失誤，就將人的過去全盤否定，或形成限定印象，覺得此人「朽木不可雕也」，更不能當面斷定人「不可救藥」。

（4）講求方法，不仗勢欺人：

個別上級如果和下屬發牛口角，氣頭上的口頭語是：「聽你的，還是聽我的？」「這樣做誰說了算？」他們不是平心靜氣的批評，而是用扣獎金，扣工資，調離崗位相威脅；不是以理服人，而是仗勢壓人，仗勢欺人。這樣做的結果，常常是壓而不服，還結下了心病。

33 互不得罪的勸架

兩個吵架的人猶如兩隻瘋牛，而勸架者就要擔起鬥牛士的責任，把兩者都制服。

人們在生活、工作中難免會發生這樣那樣的矛盾。夫妻子女、親朋好友、左鄰右舍……都會有些矛盾。有時還因矛盾激化而吵架。這時就很需要旁人及時勸架。面對那些憤激一時的吵架者，勸架是很要講究點口才藝術的。

一般說來，精明勸架的口才技巧有五個要點：

（1）了解情況：

盲目勸架，講不到重點，非但無效，有時還會引起當事人的反感：「不了解情況，瞎說什麼？」而弄清情況再講話，效果就較好。假如對鄰居、同事中原因複雜的爭吵，更要從正面、側面盡可能詳盡地把情況摸清，力求把話講到當事人的心坎上。解繩結要看清繩結的形狀，解除心上的疙瘩，更要把疙瘩看透。

（2）分清主次：

矛盾有主次方面，吵架的雙方有主次之分。勸架不能平均使用力量，對措辭激烈、吵得過分的一方重點做工作，就比較容易平息糾紛。如果不分主次，平均使用力量，效果肯定不佳。

（3）批評婉轉：

人在吵架時心中有火氣，嘴上沒好話，耳中聽不進勸告。因此，勸架時不要糾纏於吵架人的某些過激言詞，要多用委婉語，注意不要觸及當事人的忌諱。一般情況下，儘量不用激烈尖銳的語句，力避火上添油，而要用好言好語「降溫」。當然，在某些特殊情況下，如吵架的雙方矛盾白熾化，甚至拿刀使棍動起武來時，就要用高聲斷喝，使當事人清醒，阻止他下手。如大喊：「不准打人！有話好講！」「把棍子放下！」「誰敢動刀，我就報警！」

（4）語言風趣幽默：

吵架時，雙方臉紅脖子粗，氣氛緊張。這時，用一兩句風趣幽默的話，就像清涼油、潤滑劑，可以「降溫」、「放鬆」，緩和緊張氣氛，吵架人想發火也發不起來了。

（5）客觀公正：

勸架要分清是非，十分公正，做到分析得中肯，批評的合理，勸說的適當。不能無原則地「和稀泥」，不分是非各打五十大板。應該實事求是，恰如其分，既要弄清是非，又要團結伙伴。勸架者若能端平一碗水，不偏袒一方，吵架者自然會信服的。

34 巧思應變

尷尬情況每個人都會碰到，一旦來臨，不要手足無措，最好的方法就是用你的應變去化解它。

一八九〇年，著名作家馬克・吐溫一行二十餘人參加了道奇夫人舉行的家宴。

宴會不久就出現了常見的情況：每個人都在跟自己身邊的人談話，慢慢地，大家的聲音越來越高，整個會場亂糟糟的一片簡直不像是在舉行宴會，而是處在熱鬧異常的菜市場之中。

道奇夫人面露難色，但又不能掃了大家的興致，馬克・吐溫也覺察到了這些，但如果在這時大叫一聲，讓人們安靜下來，其結果肯定會惹人不快，甚至鬧得不歡而散。怎麼辦呢？

馬克・吐溫心生一計，便對鄰座的一位太太說：「要讓他們安靜下來，辦法只有一個：您把頭歪到我這邊來，彷佛對我講的話聽得非常起勁，我就壓低聲音講話。這樣，旁邊的人因爲聽不到我說的話，就會想聽我的話了。我只要嘰嘰咕咕一陣子，你就會看到，談話會一個個停下來，接著便會一片寂靜，除了我的聲音之外，不會再有其他任何聲音。」

那位太太將信將疑，但她還是按馬克．吐溫的話做了。於是馬克．吐溫低聲講了起來：

「十一年前，我到芝加哥去參加歡迎格蘭特將軍的慶祝活動，第一個晚上設了盛大的宴會，到場的退伍軍人有六百多人。坐在我旁邊的是馬可先生，他耳朵很不靈便，有個聾子常有的習慣，不是好好說話，而是大聲地吼叫。他有時候手拿刀叉沉思五六分鐘，然後會突然一聲吼叫，嚇你一跳。」

說到這裡，道奇夫人那邊桌子上的嘈雜聲果然小了下來，人們開始好奇地看著馬克．吐溫，寂靜沿著長桌，蔓延開來。馬克．吐溫用更輕的聲音一本正經地講下去：

「在馬可先生不做聲時，坐在對面的一個人對他鄰座講的故事快講完了。我聽到他說『說時遲，那時快，他一把揪住了她的長髮，她尖聲叫喚，哀求著，然而他還是無情地把她的脖子按在他的膝蓋上，然後用刀子可怕地猛然一劃……』」

此時，馬克·吐溫的目的已經達到，餐廳裡一片寂靜。他見時機已到，便開冂說明爲什麼要玩這個遊戲。他是想請大家記住：參加宴會的人要有素養、要顧及他人的感受，在談論的時候最好一個一個來，而其餘人都要全神貫注地傾聽。

賓客們愉快地接受了馬克·吐溫建議，晚上的其餘的時間裡大家都過得很開心。而馬克·吐溫也很得意：

「我一生中從來沒有任何時候比這次更高興了。這主要是因爲我小小的舉動，能夠維持秩序，控制環境……」

蕭伯納經常在他寫的戲中揭露、諷刺資本家的醜惡面目。一次，一個資本家想在大庭廣眾之中羞辱蕭伯納一番，他揮著手大聲說：

「人們常說，偉大的戲劇家都是白癡。」

蕭伯納毫不生氣，反而十分瀟灑地笑了笑，隨即回敬道：「親愛的先生，我看你就是當代最偉大的戲劇家！」

尷尬局面的出現，往往是刹那間的事，如果缺乏鎮靜，人驚失色，那只能手足無措，亂上添亂。所以，遇到這樣的場合，首先要做的就是保持鎮靜，冷靜地觀察局勢，然後隨機應變，機智巧妙地應付尷尬，甚至將尷尬留給對方。

35 以毒攻毒

以毒攻毒只可用於對付那些居心不良的小人。

蘇聯著名詩人馬雅可夫斯基才華橫溢，爲人剛正不阿，對一切醜陋的現象都會給予無情的抨擊，因此得罪了不少人。這些人總是處心積慮地想挖苦譏刺馬雅可夫斯基。

一次，在一次演講中，馬雅可夫斯基剛剛講了一個笑話，臺下有人忽然喊道：「先生，你講的笑話我聽不懂！」

「你莫非是長頸鹿！」馬雅可夫斯基感歎道，「只有長頸鹿才可能星期一浸濕了腳，到了星期六才能感覺到。」

「我提醒你，馬雅可夫斯基先生，」一個人擠到前面嚷道，「拿破崙有一句名言：從偉大到可笑，只有一步之遙！」

「一點不錯，親愛的先生，一步之遙！」

馬雅可夫斯基邊說邊用手指著自己和那個人。

這時有許多人遞便條給詩人，要求他回答便條上的問題。

馬雅可夫斯基打開一張便條念道：「馬雅可夫斯基先生，您今晚收入多少？」

「這與您有何相干？您反正是分文不掏的，我還不打算與任何人分享這筆錢。」

「您的詩太駭人聽聞了，這些詩是短命的，明天就會過時，您本人也會被遺忘，您永遠不會成爲不朽的人。」

「請您過一千年再來，到那時候咱倆再談這個問題。」

「馬雅可夫斯基，你爲什麼喜歡自誇？」

「我的一個同學舍科斯皮爾經常勸我：你只講自己的優點，缺點留給你的朋友去講！」

「這句話您在哈爾科夫已經講過了！」一個人從座上站起來喊道。

「看來，這位先生是來作證的。」詩人用目光掃視了一下大廳，又說道：「我眞不知道，您到處在陪伴著我。」

「您說，有時應當把沾滿『塵土』的傳統和習慣從自己身上洗掉，那麼你就每天洗臉，就是說，你也是骯髒的了。」那個人反問道。

「那麼您不洗臉，您就以爲自己眞的很乾淨嗎？」

「馬雅可夫斯基先生，你爲什麼手指上戴戒指？這對您很不合適。」

「照你說，我不該戴在手上，那該戴哪？鼻子上？」

「馬雅可夫斯基，您的詩不能使人沸騰，不能使人燃燒，不能感染人。」

「這位先生，我想聲明一下：我的詩不是大海，不是火爐，更不是鼠疫。」

馬雅可夫的以毒攻毒眞可謂「毒」到了家，讓所有有意詆毀他的人再也說不出半句話。

齊國的國相晏子，將要出使楚國。

楚王知道這個消息後，便對手下說：「聽說晏子是齊國最善言辭的人，現在要來我們楚國，我要想個辦法整整他。你們可有什麼好的建議嗎？」

手下的人便給楚王出了個主意。

晏子來到楚國，楚王舉行盛大酒宴招待他。楚國的文武大臣、各國的使節基本上都在座。正當大家酒興正酣時，忽見兩個差人押著一個犯人走進大廳。

楚王故作驚訝，攔住他們問道：「站住，捆著的這個人是做什麼的？」

差人回答：「稟告大王，他是齊國人，犯了偷盜罪！」

於是，楚王不懷好意地笑著對晏子說：「難道齊國人善於偷盜？」

晏子此時已經看穿了楚王的別有用心。故意整出這麼大的排場，目的就是想侮辱齊國，想到這裡，晏子站了起來，嚴肅地對楚王說：

「大王，你是否聽說過這樣一個故事：桔樹生長在淮河以南，是桔樹；生長在淮河以北，就成了枳樹。桔樹和枳樹雖然長得很像，但它們結出的果實味道卻大不相同。桔子又甜又酸，枳子的果實小而澀。為什麼呢？由於水土不同啊！不同的水土養育的結果也大不相同。如今，在齊國土生土長的人，在齊國時不做賊，但一到楚國就又偷又盜，難道楚國的水土使百姓慣於做賊嗎？您說呢，大王？」

楚王聽後苦笑著說：「德才兼備的聖人，同他開玩笑，真是自討沒趣呀！」

生活中，對於尖酸刻薄者，對於故意尋釁者，我們不能一味地寬厚下去，不能總是向他人展示自己的寬厚仁慈，忍無可忍則無需再忍。

遇上這些對你橫加指責、吹毛求疵、言語中明顯帶有攻擊性的人，首先要控制自己的情緒，不要激動。這時候以平和的心境反擊對方，一是表現出自己的涵養和氣量，二是可以讓對方感到極爲不快。因爲，他攻擊你的目的就是要讓你發怒，你越生氣、越激動他就越開心。相反，如果你表現得非常平靜，那麼對他的打擊是可想而知的。

在反譏的過程中，態度要強硬，要擊中對手的要害，還要有力量，這樣就可以撿起對方扔過來的石頭再砸他們自己的腳。

36 反唇相譏

反唇相譏是語言中的一種手法，是受傷害一方的有力武器。

反唇相譏是受到指責和嘲諷不服氣而反過來譏諷對方，由於前後二者的話語有因襲性，極易給人以不協調的感覺。

通常，人們的心裡都有陰暗的一面，都有一些不願公諸於世的事情，當人們觸及這些事情時，你往往諱莫如深，不願提及。可有的人偏愛哪壺不開提哪壺，抓住痛處揶揄譏笑。臉皮薄的人通常都受不了而甘拜下風，任其嘲弄或指責。臉皮厚的人就不一樣，他不僅會猛烈地加以還擊，而且還會以此爲契機。

一天，某市市長帶著妻子愛莉去視察某建築工地。一個頭戴安全帽的工程師沖著他們喊：「愛莉，還記得我嗎？高中時我們常常約會呢！」

回去的路上，市長揶揄地說：「妳嫁給我是你的運氣，不然妳會是建築工人的老婆，而不是市長夫人。」

愛莉遇見了舊情人，心裡很高興，浮現出種種曾經有過的美好歲月。聽丈夫這樣一說，也不甘示弱，反唇相譏道：「你應該慶幸娶到了我，否則這個市的市長就是他，而不會是你了。」

面對丈夫的揶揄，愛莉如果不予理睬，心裡一定很難受，市長丈夫更是會借機於夫妻關係中佔據上風。因而，愛莉靈機一動，反唇相譏。市長的意思是愛莉成爲市長夫人是沾了他的光，有些洋洋自得，沒想到愛莉的反擊這麼厲害：你能當上市長全是因爲娶了我，是你沾了我的光。他當然會不免一愣，隨即就會因爲妻子的聰明詼諧而笑顏逐開，一場夫妻的口角也就消弭於無形。

家庭關係中不可能沒有摩擦，朋友之間也不可能沒有矛盾，這自然是有著各種各樣的原因，觀點不同，性格差異，環境變化都會令夫妻、朋友之間產生不愉快。每個人都想成爲有理的一方，於是紛紛揭短，攻擊，這難免會給對方造成傷害，進而激化矛盾。這往往是夫妻、朋友關係緊張的一個原因。反唇相譏是緩解這種緊張關係的良方。

反唇相譏是語言中的上乘手法，是受傷害一方的有力武器。它既可以有效地還擊對方的進攻，也可以用語言來緩解緊張的氣氛。鈍化了進攻矛頭不會給對方造成傷害，也表明你不是一個軟弱可欺的人。

反唇相譏的人們言談中經常使用的方法，許多時候由於不注意場合而成爲互相指責式的對罵。這自然會適得其反，將二者的矛盾更加激化，甚或促使夫妻、朋友關係破裂。

運用反唇相譏的方法，主要環節在於抓住對方言語的實質，順勢來一個巧妙的發揮或類比，讓二者形成衝突，造成不和諧。這種不和諧即可令對方無從回擊；讓對方期待的勝利落空，和你處於同等的位置，這種情勢的轉化本身就含有幽默詼諧的意味。你含蓄的攻擊鋒芒又進一步造成二者的反差。這種前後的反差越大，就越具有喜劇性。

37 巧找藉口

巧找藉口可以有效地掩蓋缺陷，擺脫難言的困窘，用笑聲帶過一切。

巧找藉口說話指在處了困境中無計可施時，巧妙地尋找一個媒介讓對方明白自己的難堪，以便自己能借助它脫身，並產生技巧的一種方法。它反映著一個人的應變能力，也能很明顯地顯示一個人的精明，是一種行之有效的手段。

生活中常常會有意想不到的情形出現，令毫無準備的你大吃一驚或十分難堪，有的人往往手足無措，陷於困境當中。精明的人就不一樣，他總會以智慧的眼光來對待它，從獨特的視角出發，找出解決問題的辦法。巧找藉口就是他們慣用的一種方法，他們能夠在突發的事件中挖掘出一些可資借鑒的東西，並不失時機地將他一軍，從而在會心的笑聲中得到解脫。

一個小夥子到未婚妻家吃飯，接受未來岳父母的考驗。未婚妻叮囑道：

「我家有個規矩，客人不能自己去添飯。你可得記住啊！」

年輕人答道：「飯來伸手，何樂而不為也！」

誰知到吃飯的時候，未婚妻和未來的丈母娘隨便吃了一點就做別的事情去了。而未來的岳丈大人三杯酒下肚，話匣子打開，談得正眉飛色舞，哪裡還注意到這位準女婿的飯碗已空空如也。

年輕人見滿桌的美饌佳餚，舉著沉思，靈機一動，計上心來。他開口道：「伯父，你們打不打算修房子呀？」「修倒想修，就是眼下木材缺乏。」

年輕人見上了道，便接著說：「我有個朋友有批木材，還是柏木，最小的就有這麼大——」說著，他把碗一舉。未來的岳丈大人這才發現這位準女婿的碗是空的，趕緊叫道：「老婆子快添飯！」

年輕人轉危為安，又吃上飯了，便不再提木材的事，可是老頭還掛念這事。繼續問：「你剛才說的那批木材，他賣了嗎？」

年輕人夾了一口菜，吃了一口飯答道：「他先前沒有飯吃，打算賣，現在實行了責任制，有飯吃了，他就不賣了。」

生嫩的後生初次去丈母娘家遇到這種情形，往往只有按捺下蠢動的肚蟲，強忍饑餓，裝成吃飽的樣子放碗離席。禮數雖周，卻委屈了自己的肚子。這個年輕人就非常聰明，他巧妙地找到一個話題，使老丈人感興趣，並借機展示自己的空碗，從而達到了目的。最後才隱約地說出談這個話題的動機，以顯出精明人的技巧，未來的岳丈也自然明白了他的意思，哈哈大笑之外，也對這聰明的未來女婿刮目相看。

巧找藉口的特點在一個「巧」字，就是所找的「藉口」要能切合當時的情形，不僅巧妙地解決你的問題，而且巧妙地產生智慧。這「藉口」本身也得含有一種不和諧的因素在內，你再將裹在這「藉口」身上的外衣揭掉，讓不和諧暴露出來，笑，就很自然地在這中間產生。

38 妙尋臺階

矛頭不對的時候，趕緊找個臺階吧，高明的臺階不但能扳回顏面，有時還能更一進步贏得敬佩。

妙尋臺階是在處於尷尬情形時，爲自己找一個臺階，以便順利地從尷尬中脫身。因爲找的「臺階」荒誕不經，或者與當時情形有較大反差，就導致精明語言的產生。

社交中常常充滿各種陷阱，一不小心，就會落入其中，成爲別人的笑柄。遇到這種情形，該怎麼辦呢？首先，不能慌張，也不要憤怒，這於事無補，只會更加難堪。充分發揮厚臉皮的特色，調動思維潛在的力量，自己替自己找一個開脫的理由，哪怕是一個同樣足以令人發笑的理由，把自己從狼狽中解脫出來，是你最明智的選擇。找到臺階下，或許人們仍會發笑，但笑的已經不是你先前的狼狽，妙尋臺階的目的不也就是正在於此嗎？

有個縣官，不學無術，還老寫別字。有一天，他提審三個犯人，第一個叫金止未，第二個叫郁卞丟，第三個叫干斧斧。

縣官升堂坐定，叫人將三個犯人押到堂下，並排站在一起，他裝模作樣地看了看放在桌案上的名單，喊道：「全上來！」

三個犯人一聽「全上來」，便一起走上前去跪下來，縣官本想發怒，覺察到也許是自己讀錯了字，心想：還是先審第二個吧！於是，他點著單子上第二個人名扯高嗓子叫道：「都——下——去！」

三個犯人一聽，莫名其妙地站起身來，退回原地。縣官一見，知道自己又讀錯了，不免心裡有些焦急，如果第三個再念錯，豈不失了縣太爺的身份。於是他瞪大眼睛，對著第三個犯人的名字看了老半天，才敲了一下驚堂木，大聲叫道：「乾爹爹上來！」

犯人嚇得不知所措，在場的衙役誰也不敢指出縣官的錯誤。縣官一看情形，知道又念錯了，靈機一動，對手下說道：「既然乾爹爹不來，還是我自己到後堂去接一下。今天就到這裡——退堂！」

不學無術的縣官，掉進了文字的陷阱，笑話百出，眼看就顏面掃地，居然急中生智，以到後堂去「接乾爹爹」爲藉口，滑稽地結束了失敗的升堂。自己替自己找了一個臺階下，雖令我們忍俊不禁，總算在犯人和衙役面前沒有當場出醜。妙尋臺階的精明處得到了充分的發揮。

妙尋臺階是機智的一種表現。在已經陷入難堪時，還能給自己找一個臺階，並借此從中脫身，你能說出他不機智嗎？雖然機智有一些姗姗來遲，總算也沒有白來。畢竟，它令你最終得以擺脫難堪。

在社交場合中，經常會出現一些出其不意的事情，如果你沒有這方面的應變技巧，就很可能會陷入一種很尷尬的境地。妙尋臺階挺身而出，發揮精明人的功效，及時地救你於泥潭之中，起到了較好的作用。俗話說：「亡羊補牢，未爲晚也。」妙尋臺階雖然是人已處於尷尬中時，才發揮作用，但最終仍是擺脫尷尬的好方法。處在尷尬中還能尋找臺階，人們也佩服你的精明。

需要注意的是，妙尋臺階的「臺階」要找好，既要能讓自己成功地在「臺階」上下去，又要與當時情形巧妙地形成反差。這樣，才能擺脫尷尬，所以，在處於不利時，給自己找一個臺階下，借機還令人笑上一把。

39 含沙射影

借古諷今，借彼諷此，運用相關的故事回擊不禮貌的攻擊，讓對方有苦說不出。

隨機影射就是預先熟練地掌握一些與本人工作生活有關的語言材料，然後在處於不利境況時，加以靈活地套用，使對方明白是暗指自己，他卻無可奈何。我們先看一則例子：

張老師在一個小鎮的中學裡任教，兢兢業業，克勤克儉幾十年，依然是家徒四壁，他的幾個搗蛋學生卻先後都成了當地小有名氣的「地方企業家」。一天，幾個同學在一塊商量，想請老師吃頓飯。張老師本來不想去，可耐不住幾個學生的反覆勸說，便答應了他們的誠懇相邀。

宴會那天，張老師穿一身灰白中山裝，一雙黑布鞋，相當樸素。作陪的除他的幾個學生外，還有一群小有地位鎮代表。席間，學生和那幫鎮代表有說有笑，不時地恭維張老師。張老師本來不善言談，生性木訥，此時更加局促。鎮代表們看張老師土裡土氣的一副鄉巴佬樣，就覺得他軟弱好欺，不時地夾些骨頭給他吃。張老師有氣但不便發作。酒足飯飽，鎮代表們說張老師學問大，想聽聽張老師說說話，逮到機會，於是張老師不急不徐地說了個故事：

張老漢今年七十有九，中年喪妻，孤身一人，晚景淒涼。三個兒子也已自立門戶，各自爲政，對老漢是不管不問，極爲不孝，老漢只得滿街乞討。後來地方人士看不過去，找來三個兒子商議，要求三個兒子各養一個月，輪流負責奉養父親，大月小月照輪。於是張老漢結束了流浪生活，先入住了老大家，一轉眼一個月過去了；換老二奉養，又一個月；老三接著奉養，表面上一切平安無事。

然而問題出在三媳婦這裡，三媳婦尖酸苛薄，輪到她是大月時，總覺得吃虧，竟剋扣老漢的食物，有時幾天不給老漢飯吃。由於先前協議中規定每月月底給老漢稱體重以檢驗哪家不孝。所以每次稱體重時，三媳婦就在老漢的衣服裡塞很多骨頭。這一年臘月，偏巧又是歸老三家管飯，到了稱體重時，張老漢已經幾天沒吃一頓完整的飯了。三媳婦又在他的棉襖裡塞了很多骨頭。可憐張老漢又餓又冷，在坐上磅秤時終於忍不住大哭：「你這不孝的龜孫子，不給老子飯吃，怎麼老給老子夾骨頭啊！」

在座的頭頭們，臉上一陣紅一陣白，卻也無可奈何。

在這裡，張老師運用的就是隨機影射的語言技巧，通過套用關於骨頭的一個故事，不但使自己擺脫了困境，而且有力地反擊了那幫鎮代表的惡意嘲弄，這就是隨機影射的妙處。

隨機影射要求事先有一定的故事材料做準備，但不一定非得生搬硬套，可以巧妙地活用，在臨場即興發揮，例如張老師的故事說不定是臨時編湊的，但由於它扣題準確，抓住「骨頭」二字做文章，仍然有很強的影射作用。因此運用隨機影射技巧時，不要太拘泥於原有的故事情節，可以即興發揮，可以添油加醋，目的只有一個，即突出影射的作用和效果。因此運用時千萬要緊扣主題，使你的故事與你自己所處的困境有一定聯繫，哪怕是一點聯繫，只要是關鍵的都行。總之做到天衣無縫，效果最好。

第四章

機言妙語

4

40 話中有話

表達用語的精明多表現在置之死地而後生，語入絕境處又逢春。

一九五六年在蘇聯共產黨第二十次代表大會上，赫魯雪夫做了「秘密報告」，揭露、批評了史達林肅反擴大化等一系列錯誤，引起蘇聯人及全世界各國的強烈反響。大家議論紛紛。

由於赫魯雪夫曾經是史達林非常信任和器重的人，很多蘇聯人都懷有疑問：既然你早就認識到了史達林的錯誤，那麼你爲什麼早先從來沒有提出過不同意見？你當時做什麼去了？你有沒有參與這些錯誤行動？

有一次，在黨的代表大會上，赫魯雪夫再次批判史達林的錯誤，這時，有人從聽眾席上遞來一張便條。赫魯雪夫打開一看，上面寫著：「那時候你在哪裡？」

這是一個非常尖銳的問題，赫魯雪夫很難做出回答。但他又不能迴避這個問題，更無法隱瞞這個便條，這樣會使他失去威信，讓人覺得他沒有勇氣面對現實。他也知道，許多人有著同樣的問題。更何況，這會兒臺下成千雙眼睛已盯著他手裡的那張紙，等著他念出來。

赫魯雪夫沉思了片刻，拿起便條，通過擴音器大聲念了一遍便條的內容。然後望著臺下，大聲喊到：

「誰寫的這張便條，請你馬上從座位上站起來，走上臺。」

沒有人站起來，所有的人心怦怦地跳，不知赫魯雪夫要做什麼。寫條的人更是忐忑不安，心裡後悔剛才的舉動，想著一旦被查出來會有什麼結局。

赫魯雪夫又重複了一遍他的話，請寫條的人站出來。

全場仍死一般的沉寂，大家都等著赫魯雪夫的爆發。

幾分鐘過去了，赫魯雪夫平靜地說：「好吧，我告訴你，我當時就坐在你現在的那個地方。」

面對著當眾提出的尖銳問題，赫魯雪夫不能不講眞話。但是，如果他直接承認：「當時我沒有膽量批評史達林」，勢必會大大傷了自己面子，也不合一個有權威的領導人身份。於是赫魯雪夫巧妙地即席創造出一個場面，借這個眾人皆知其含義的場景來婉轉、含蓄地隱喻出自己的答案。這種回答既不失自己的威望，也不讓聽眾覺得他在文過飾非。同時赫魯雪夫創造的這個場景還讓所有在場者感到他是那麼幽默風趣，平易近人。

41 製造懸疑，吊人胃口

先巧設「珍籠」吊人胃口，待對方陷入思考再解開謎團，是高明的說話藝術。

製造懸疑，是語言技巧中最常用的一種。這種語言技巧一般是先把自己的思路引入對方思維的軌道，然後，來個急轉彎，把對方置入困惑的境地，即讓對方「著了你的道」，再用關鍵性話語一語道破，有畫龍點睛的作用。使聽眾在出乎意料之外，捧腹大笑。

在日常生活中，經常會遇到這種情形，只要充分動動腦，就既能使自己的聰明才智得到發揮，又能達成實際目的，這才是最重要的。語言的最高境界即在於此。請看下面精明人的例子：

從前，美國有個賣香菸的商人到法國做生意。一天，在巴黎的一個集市上大談抽菸的好處，突然，聽眾中走出一個老人，逕直走到臺前，商人吃了一驚。

老人在攤位邊站定後，便大聲說道：「女士們，先生們，對於抽菸的好處，除了這位先生講的以外，還有三大好處！」

美國商人一聽這話，連向老人道謝：「謝謝您了，先生，看你相貌不凡，肯定是位學識淵博的老人，請你把抽菸的三大好處當眾講講吧！」

老人微微一笑，說道：「第一，狗害怕抽菸的人，一見就逃。」圍觀群眾大感好奇，商人暗暗高興。「第二，小偷不敢去偷抽菸者的東西。」群眾連連稱奇，商人更加高興。「第三，抽菸者永遠不老。」臺下聽眾驚奇不已，商人喜不自禁，要求解釋的聲音一浪高過一浪。

老人把手一擺，說：「請安靜，我來解釋。」

商人格外振奮地說：「老先生，請您快講。」

「第一，抽菸人駝背的多，狗一見到以爲是在彎腰撿石頭要打來，能不害怕嗎？」群眾笑出了聲，商人嚇了一跳。「第二，抽菸的人夜裡常咳嗽，小偷以爲他沒睡著，所以不敢偷。」群眾一陣大笑，商人大汗直冒。「第三，抽菸人很少長命，所以沒有機會衰老。」群眾哄堂大笑。此時，大家一看，商人已不知什麼時候溜走了。

這則巧設懸念的語言技巧一波三折，層層推進，一步一步把聽眾的思維拊向迷惑不解的境地，在把聽眾的胃口吊得足夠「饞」時，才不慌不忙地表達出自己的意思。眾所周知，抽菸是令人反感的，危害人所共知，當老人一言不發地走向販菸商人時，大家心裡想的是老人要來拆臺了，沒想到老人卻說要大談抽菸的好處。商人和聽眾一樣感到迷惑，急切地想知道老人葫蘆裡要賣的藥，最終，老人以逗趣的話語作了妙趣橫生的解釋。既令群眾開心，又使群眾從販菸商人的欺哄裡走出來，意識到抽菸的危害性。使用巧設懸念的語言技巧，必須要注意以下兩點：

（1）**不要故弄玄虛，讓人不著邊際**：任何語言都要求自然得體、順理成章，如果做得很明顯，就不但不能讓人產生興趣，反而會覺得無聊乃至反感。

（2）**做好充分的準備**：最好能在聽眾的急切要求下再將「謎底」洩露出來，做到天衣無縫，不要急於求成，讓聽眾對結果產生錯誤的預料，然後再把結果娓娓道來，以使聽眾有個緩衝時間來領略語言的趣味。

42 以退為進請君入甕

美妙的語言是智慧的具體展現，而以退爲進請君入甕便是成功的表達方式，把語言藝術發揮到極致。

有這麼一幅漫畫，主要人物是一個頭頂有三根毛的窮小孩，不妨叫他「三毛」吧。這個漫畫的場境大致是這樣的：

一位闊太太牽著一條哈巴狗上街，見了三毛，想拿他開心取樂，就對三毛說：「只要你對我的狗喊一聲爸，我就賞你一千塊。」

三毛敲了敲腦袋，想了想道：「喊一聲一千塊，喊十聲呢？」

「一萬元！」闊太太很大方地吼道。

三毛躬下身，摸著狗，一連喊了十聲「爸」！闊太太大笑一聲，眞的給了三毛一萬元。

這時周圍擠滿了看熱鬧的人，三毛向闊太太點了點頭，故意提高嗓音，拉長聲調喊道：「謝謝你，媽——」

有爸有媽才有兒子這是常理，而這裡三毛一聲「媽」，把情節向前推理成，狗和闊太太是夫妻，這比三毛和狗是父子關係更荒唐，雖然三毛沒直接說出來，但已是一目了然的事了。三毛是一報還一報，只不過爲保護自己；闊太太呢，功敗垂成，自食其果，而導演這一結局。

人們都知道正常情況下，相同的原因會產生相同的結果，不同的原因會產生不同的結果。如果同樣一個人，同樣一件事，在同樣的條件下，卻產生不同的結果，從常理上講，這不合邏輯，做這樣的推理，則是一種弱智的表現。然而對於精明人來說，情況則完全相反，在許多情況下，越是同因異果，越能構成精明。

這種精明的推理在社交活動中極有實用價值，它能讓你在情況不斷變幻的條件下，總是能找到有利於自己的理由，哪怕互相對立的理由，也都能爲你所用。

宇凡是一位很有演講天賦的人學生，學校裡的演講社，想吸收他爲社員，但他必須和其他入社社員一樣先做一次演講，學長們都期待他能有上乘表現，於是安排他做壓軸，滿懷期待地立於臺下。

宇凡登上了演講臺，開口便問：「各位，你們知道我要講什麼嗎？」

大夥異口同聲地答：「不知道！」

「怎麼，你們竟不知我要講什麼。如此無理，那我講了還有什麼用？」說罷便走下了講臺，大家一時啞口無言。

第二天，他來到演講社，又登上講臺，對聽眾說：「各位，你們知道我要講什麼嗎？」

「知道！」這回大家吸取了教訓，異口同聲地答道。

「好啦」，宇凡說，「既然大家已知道了我要講什麼，那我重複一遍又有什麼用呢？」語畢又走下了講臺，大家再次啞然。

他總是這樣，大家便商量了一個辦法，待他下次演講時，有一部分人說「知道」，而另一部分人說：「不知道」，想必這樣，宇凡就沒理由下臺了。

第三天，宇凡又登上了演講臺，當他再次像前兩次一樣發問後，臺下便有人喊「知道」，有人喊「不知道」。

宇凡一笑：「那好吧，那就請知道的人告訴不知道的人吧！」

說完一甩袖子走下演講臺，揚長而去。大家目瞪口呆，然後又忽然「轟」

地大笑起來。

宇凡的過人之處在於他利用「知道」與「不知道」這兩個不具體的，虛幻的概念，從而推理出與大家希望完全相反的結果，以不變應萬變，不管對方怎樣變化，理由也總會跟著變化，而行為卻一點不變。

在這裡，宇凡的演講不是長篇大論，而是風趣和精明的智慧。同時也使人們悟出演講的概念要清楚，具體，不能含糊不清，因此，人們在「上當」之餘，也受益匪淺。

由此可見，這種推理主要是利用對方不穩定的前提或由自己假定的前提，來推理引申的某種似是而非的結論和判斷，它不是常理邏輯上的必然結果，而是走入歧途的帶有偶然性和意外性的結果。

人們的言論和行為，一般情形下，不可以像科學推理那樣嚴密、周全，都有其變幻性和動搖性。精明的人，就是善於抓住這點推理出變化莫測的花樣，去調侃對方或調侃自己。因此，任何一個人只要你放開思維，任意馳騁，就可以踩到前提點創造出精彩的精妙語來。當然，也許應該再向下面兩則故事學習一下。

大明自稱會看相，對小明說：「哎呀，小明，你將來沒什麼福氣，也不會長壽。」

小明一驚，問道：「你怎麼知道？」

看相的說：「你的耳朵特別小，自古以來，相書都說耳朵大的命長福氣好。」

小明笑著回說：「你的意思是說，豬的福氣大壽命長嘍！」

這「耳朵大小」是前提，而這個前提有變化性，不單其對人而言，因此，朋友的推理就移到了豬的身上，顯出了荒唐性。

在小明的推理中幾乎看不到攻擊性，只是攻破對方的所謂高論，是屬軟性的，是寬容大度的表現。當然，也可以創造出有攻擊性的推理，若有必要保護自己的話，在人際關係中語言的功能就是使雙方力量平衡，對方給你多少，你就給他多少，這時緊張的關係才能鬆弛。

丈夫吸菸，妻子們總是想盡辦法要丈夫戒菸，而丈夫總是有他的所謂吸菸的道理，因此，夫妻間常爲此唇槍舌劍，更甚者，眞刀眞槍地大動干戈，到最後，丈夫菸照吸，妻子照樣不滿。

從心理學的角度來看，妻子想要說服丈夫，只有在智慧上戰勝對方，使丈夫心服，才能使丈夫在行爲上服服帖帖。這樣與丈夫相比就有一種優越感，精明的語言是智慧的表現，又不會傷害對方，是「對付」丈夫最好的武器之一。用至妙處，則可出奇制勝，使對方俯首稱臣。

妻子指著《家庭醫生》雜誌說：「你看看這篇文章，吸菸有很多害處，科學家說，吸一支菸要減少六分鐘壽命，我看你還是把菸戒了。」

丈夫卻說：「你這是想謀害我。」

妻子不解地問：「我勸你戒菸是要你愛惜身體，怎麼說是謀害你？」

丈夫說：「你沒見這篇文章中還說，不吸菸的人吸入了空氣中的菸霧，比吸菸者遭受的危害更大，我們公司裡人人都吸菸，我一個人不吸，不是要遭害？我是因爲怕死才吸菸的呀！」

妻子聽了，說：「好了，那麼以後你每天給我和女兒也各買　包香菸。」

丈夫：「……」

爲什麼丈夫這時不說話了呢？因爲根據他的推理，丈夫吸菸，妻子和女兒也要吸菸，否則危害更大，這岂不也成了一種謀害。妻子的話使丈夫自己用繩子套了自己的腿，行走不得。

這時，只要是對恩愛夫妻，丈夫願從心理聽從妻子的勸說，眞心戒菸。之所以如此，是因爲妻子不但在智慧上勝了丈夫，而且在精神上也創造了一種情趣。

43 輕鬆戲謔尋開心

「出門觀天色，進門看臉色。」使用戲謔時特別講究適宜性原則。在某些場合下，它能充分地表現自己，而在另一些場合，它的表現則有可能會大打折扣。

戲謔是很有個性的一種表達方式，它貌似攻擊性很強，其實並無攻擊性；面對越是親近的人，攻擊性就越弱，通俗點說，戲謔就是開玩笑，更是帶有機智、哲理的玩笑，目的只爲增加彼此的親切感。

因此，戲謔在親朋好友之間用得最多，對於陌生人，不管多麼巧妙，都會有些危險，有不禮貌之嫌。

有一次，幾個大學生爬山累了，坐在草坪上野餐，邊吃邊嘻笑，突然，一位滿頭大汗的胖小子跑來，也不作聲，伸手抓起了一隻燒雞腿吃了起來。

其中一個人忍不住問：「小胖，你認識我們中的哪一位？」

「認識……」胖小子指了指燒雞腿，「我認識它！」

大學生先是一愣，繼而大笑。不但無怨，再敬他啤酒一罐。

這位胖小子的言行，風險實在太大，但是他的戲謔卻幫助他在輕鬆卸下陌生人心房，主要原因是時機把握得恰到好處。在旅遊區裡，多數都是年輕人，大家愉悅歡笑，再加上他胖胖的長得討人喜愛，這些都是他有利的條件。如果換個地方，處在另一種環境，他也如此做，就可能自討苦吃。

關於戲謔，需要智慧、修養聯手合作，才見效果。

高先生很擅長恭維，某日，請了幾位朋友於家中一聚，他臨門恭候，等朋友們接踵而至時，一個個問道：「你是怎麼來的呀？」

第一位朋友說：「我是坐計程車來的。」

「啊，華貴之至！」

第二位朋友聽了，眉頭一皺，打趣道：「我是坐飛機來的！」

「啊，高超之至！」

第三個朋友眼珠一轉：「我是騎腳踏車來的。」

「很好啊，樸素之至！」

第四位朋友羞怯地說：「我是徒步走來的。」

「太好了，走路可以鍛鍊身體，健康之至呀！」

第五位朋友故意出難題：「我是爬著來的！」

「哎呀，穩當之至！」

第六位朋友笑著說：「我是滾來的！」

高並不著急，恭維道：「啊，眞是周到之至！」

眾人一起大笑，高明的戲謔是純自我保護性的，幾乎無攻擊性，既戲謔了朋友，又沒傷害朋友，表現了他觸景生情、即興詼諧的才智。

戲謔性也可以有很強的攻擊性，對待知心朋友，尤其強烈，達到令對方幾乎無法承受的地步，其顯現的精明效果就越強。

張三：「喲，老王啊，一星期不見，我還以爲你死了呢！」

王五：「啊，你爲什麼這麼想呢？」

張三：「今天早上我聽到一個人說你的好話。」

張三詛咒王五「死了」，非常的粗魯，然後又曲折、含蓄地說有一個人說他的好話，這個似乎是好事，但一個人的好要是在死後才被人傳說，那個人生前想必不怎麼受歡迎。張三聽見有人說王五好話，戲謔王五以為他死了，意思就是虧他不得人緣，若不是死了怎麼會有人說他好話呢？話說回來，王五並沒有死，所以說王五好話的人是誠心誠意的，張三所戲謔的不是事實，這樣一個對比和反差，玩笑開雖得大，但還在能承受的範圍，王五不必放在心上。

情人之間互相戲謔、拌嘴是常有的事，但是，這種戲謔要高雅卻不是一件容易達到的事。戲謔在情人之間多是一種無傷大雅的噱頭，用於互相揶揄，有時帶點攻擊性，但一定要有非常準確的分寸感。因此，最好是純調笑性的，充分地展現智慧和情趣，以期達到溝通心靈的目的。

阿強和小玉是對兩小無猜的小戀人，他倆已有一年多沒見面了，今天通了電話。

阿強：「小玉，我送給你的小貓，它現在怎麼樣啦？」

小玉：「強哥，難道你真的不知道嗎？」

阿強：「我們已一年多沒見了，我怎麼知道？難道它死了嗎？」

小玉：「沒有。」

阿強：「那它跑了」

小玉：「沒有。」

阿強：「你把它送給朋友了？」

小玉：「沒有。」

阿強：「那麼，我可就不明白了。它現在到底怎麼啦？」

小玉：「它和我一樣長大了，已經長成『大姑娘』了。」

對戀人送的一隻貓，本來什麼事也沒有，卻讓對方的推理一次次失望。由於姑娘開始故弄玄虛，語言模糊，引對方疑心，最後上了她的圈套。最終的意思是說：「我也像小貓一樣長大了，需要你更多的愛。」

姑娘的戲謔是帶有情愛的心理表現的，是愛給了她智慧。如果他們之間沒有愛，就無這種情趣存在。可見，戀人間的戲謔，愛得越深，越可盡情發揮，進而增加彼此間的愛。

44 嚴肅賣關子

故弄玄虛的奧秘是充分利用對方預期轉化的心理，抓住它，你就掌握了打開故弄玄虛大門的鑰匙。

一群年輕人，一起環島旅行，途中住在一家民宿裡。

第二天早上準備早餐時，小敏發現自己前晚放在客廳桌子上的三明治不翼而飛，於是，他大聲叫道：「我的天，誰把我的三明治吃了？！」

大夥一聽，都說：「我沒吃！」

「那就太好了！」小敏說。

「小敏，為什麼這麼說？」有人問。

「因為昨天傍晚我見房裡有老鼠，就向老闆娘要了點老鼠藥，放在三明治裡，想用它來毒老鼠。」

「天哪，我中毒了！」換成小豪大叫起來。

小敏卻笑了，說：「小豪放心吧，我不過是想讓你說眞話罷了。」

在這裡，所用的就是故弄玄虛一本正經，而且是雙重玄虛，第一次是大夥都說沒吃，而小敏說太好了，偷吃三明治的小豪還以爲自己輕鬆逃過一劫；但是忽然一個逆轉出現了，誤食毒藥令小豪大驚失色，這時小敏又說沒事，把小豪心情整個七上八下。

這就是雙料的故弄玄虛，本來什麼事也沒有，在此折騰下，生出許多妙趣的精明來。

玄虛是構成故弄玄虛的要素，人們常以爲它只能出現在純粹的之中，存在於藝術空間裡面，其實則不然，在現實的人際交往中，它往往也會有出色的表現。

一天，張醫生剛到診所上班，就見一年輕人扶著一位老太太走了過來，年輕人臉色陰沉，沒好氣地說：「醫生，你瞧我媽這病……唉，可把我折騰苦了，她還不如早點死了好！」

張醫生一邊給老太太看病，一邊問：「年輕人，今年多大了？」

「剛到二十五，你問這做什麼？」

張醫生說：「唉，你媽要是早死二十五年就好了」。

這個醫生如此聰明，其醫術一定不會差，他故弄玄虛，使年輕人一陣錯愕。眞是高明，如果張醫生直接指責年輕人不孝，那只能說張醫生爲人俠義，卻無教導感可言，而他將自己的觀點掩藏在似乎牛頭不對馬嘴的語言之中，最後一句，乍一聽似乎摸不著頭腦，細一想，便會豁然明白，年輕人會因頓悟了張醫生的智慧和情趣而心中大愧，同時也領略到了精明語給人們所帶來的愉悅之情。

精妙語言之中的行爲是雙向性的，任何一個精明人中都要有合作夥伴才行。故弄玄虛尤其講究雙方的「合作」。

某餐廳裡，一位男士正在進餐，忽然發現菜湯裡飄著一隻蒼蠅，他招手叫來服務生，冷冷地問：「請問，這東西在我的湯裡做什麼？」

服務生彎下腰，仔細看了半天，畢恭畢敬地答道：「先生，它是在游仰泳。」

「難道它不知道這兒嚴禁外人入內嗎？」

由於兩人都很精明，都抓對了時機儘量發揮，都故弄玄虛，終讓雙方互相欣賞對方。這時，問題便不復存在。這似乎是「合作」的好處與妙處。

運用故弄玄虛「生產」很精妙絕倫語時，通常要經過兩個環節：一是構成一個玄虛的懸疑，這個懸疑看起來可能眞實可信，但實際上是虛無的。且眞實與虛無的反差越大，就越有喜劇性。二是爲玄虛的懸疑尋求巧妙的歪曲的解釋。這一環節難度較高，是考驗智慧和情趣表現力的關鍵。

一對情人坐在公園裡。

男：「我的許多朋友都說妳很漂亮。」

女（非常高興地）：「眞的嗎？」

男：「可他們又說其實妳不漂亮。」

女（吃驚地）：「哎喲！」

男：「是說妳不是漂亮，而是迷人。」

女（略喜）：「是嗎？」

男：「不過，妳只能迷那些沒有經驗的男孩子。」

女（失望且困惑）：「怎麼說？」

男：「因爲你跟他們一樣年輕，一樣純潔，一樣朝氣蓬勃，一樣活潑可愛。」

女（心花怒放地）：「啊！是嗎？」

男：「而且一樣地不太懂事。」

女：「哈哈哈，你眞壞！」

那女孩一次又一次由希望而失望又由希望而失望，最後卻一起愉快地笑了起來。爲什麼呢？因爲故弄玄虛發揮了效力。

這裡的故弄就是「賣關子」、「設陷阱」，用煞有其事、一本正經的語氣來製造玄虛的懸疑，使欣賞者產生緊張的期待心理，並順著你引導的思路去猜想結果。隨即在對方自以爲抓住了結果的時候，突然說出對方連做夢也想不到的結果，而結果又在眞與幻之間，這時欣賞者在一張一弛的巨大反差中，巨大的喜劇效果就產生了。

44 將計就計出奇致勝

曲的同時是爲了更好的直，直的方式是爲了達到曲的目的。

曲而直說或直而曲說是一種高明之術，因曲與直有別，在操作之時，我們常會分而待之，也就是曲說有曲說的方法和技巧，直說有直說的方法和技巧。

有話曲說就是拐彎抹角，曲折暗示地說，從而達到表述隱衷的目的，在通常情況下精明與直截了當地表述隱衷無緣，直抒胸臆是抒情的效果，而非精明的旨意。當精明人間接暗示，誘使對方頓悟之時，我們說他成功了。生活中，你也許會對不可改變的事情不滿意，並因此而感到困窘。如果你直接把它們說出來，並不能顯示你的過人之處。但是你若能用曲折暗示之法，表明你對困窘似乎採取無所謂的態度，那你就是一個精明兼聰明人。

經理：「文華，你今天看起來精神不怎麼好。」

文華：「經理，你不知道，我和老婆非得要飛上天不可了。」

經理：「這話從何說起？」

文華：「我們那寶貝兒子吵著要月亮，做父母的哪有不為他摘下來之理呢？」

文華的苦衷是說明現在的小孩子太難教了，孩子是家中的「小皇帝」，爺爺奶奶又是孩子們的保護神，因此爸爸難做，有時刀山要上火海要下，有時天要上地要下。

社交場合總有許多衝突，由於某些利害關係，對朋友的是非當場不能批評，自然是暗示為上，最好是以荒誕不經的方式使對方明白。

如朋友請客、吃飯、喝酒是常事，也是樂事，但有的朋友小氣，無心計的人直接批評，定會將樂事變成惱人之事，大家也會因此不歡而散，但在精明的人那兒，這一點就不存在了。

一次，幾位朋友一起赴宴，宴席上的玻璃杯很小，其中一位老兄感到很不過癮，而主人斟酒，每次又只斟半杯。

突然，這位仁兄問主人，「老哥，你家裡有鋸子嗎？請借我一用。」

「不知老兄做什麼用？」

這位仁兄指著酒杯說：「這杯子上半截既然盛不得酒，要它何用？鋸去豈不更好！」

這建議可謂聳人聽聞，很明顯是不可實現的，但彼此之間心照不宣，這比直接說出自己的要求，心理抗阻要小些。

從心理上來看，常人在社會交往中都有一定的目的性，因此常把自己的真正心理嚴密地保護起來。這樣就會出現人們口中說的和心中想的往往不大一樣。心與口之間的錯位給人以回味的餘地，可形成一種言外之意的情趣。換句話說，直說隱衷到了缺乏自我保護意識的程度，就能生出一種高明的效果。

三個女工一起談到一個急於結婚的男人。十七歲的少女：「那個男人是不是長得很英俊？」

二十五歲的大姑娘：「那個男人一個月的薪水有多少？」

三十五歲的老處女：「那個男人在哪兒？」

這些是三位女人的心裡話，顯而易見各自的隱衷不同。前兩位的話不可笑，可樂的是第三位，急不可待的樣子都表現出來了。

直說隱衷，並非真的將隱衷做直接的、現實的表達，而是通過片面的邏輯，做假定的、非實用的、不科學的表達。這種表現的方法容易在一些特殊的條件下，如家庭環境最易產生。尤值一提的是在大人和小孩之間產生的此類效果。

兒子有一天忽然問爸爸：「爸爸，在你還小的時候，你爸打過你嗎？」

「當然，他打過我。」爸爸說。

「那麼，當你爸爸是個小孩的時候，他爸打過他嗎？」

「當然，他爸打過他。」爸爸笑著回答。

兒子想了一會兒，然後又問：「爸爸，假如您願意合作的話，我們可以中止這種惡性循環的暴力行爲」。

兒子的直言，迫使爸爸不得不和他談「合作」的條件，反省一些對兒子不公正的舉動。如果兒子不直言，就一定會將爸爸視爲一個不民主的暴君，適合的精明幫助這位兒子找到了平等。

46 大智若愚的方法

大智若愚法是一種善意，由於它富有人情味，很容易引起對方的同情心，所以，會產生意想不到的交際效果。

大智若愚是以愚的形式來表達智的內容，屬於先抑後揚。先抑，可以使人形成一種思維定勢，即產生一種「你不行」的錯覺；後揚，則迅速打破了這種思維定勢，出人意外，令人驚奇。前後對比強烈，效果迥異，從而產生幽默的情趣。

精明人不可把自己的智慧放在臉上，而應當把智慧藏起來，因爲理智與情趣是互相矛盾的，智慧愈是直接表述出來，愈是缺少精明之感。因此，爲了取得精明的效果，往往需要假作癡呆，故作蠢言，這就是大智若愚的精明法門。

小寶是個聰明的孩子，雖然他的學業成績不算很好，但老師認爲他處理問題有獨到之處，一次，老師約了一位心理學家來測驗他。

心理學家開門見山就問：「《羅密歐與茱麗葉》是誰的作品？」

小寶懶洋洋地說：「我怎麼會知道，像我這樣年紀的孩子是不會看莎士比亞的作品的！」

小寶的回答，就是大智若愚法。表面上看來，他好像沒有回答心理學家的問題，可是實際上他已經準確地回答了問題，這種方式在於巧妙地運用了邏輯矛盾來表現他的聰明。

美國第九任總統威廉・亨利・哈里遜出生在一個小鎮上。他是個很窮困、但很精明的孩子。鎮上的人常常喜歡捉弄他，經常把一枚五分和一枚一角的硬幣扔在他面前，讓他任意撿一個。威廉總是撿那枚五分的。

有一天，一個婦女問他：「爲什麼你不撿一角的？難道你不知道哪個更值錢一些嗎？」

「我當然知道。」威廉慢條斯理地說：「不過，如果我拿了那枚一角的，恐怕他們就再沒興趣扔錢給我了。」

威廉撿錢用的也是大智若愚法，他只撿五分的硬幣似乎表現了他的「愚」，但他爲了讓鎮上人有興趣扔錢給他，卻顯示了他的「智」。而這種「智」

卻深藏在「愚」的表現形式中，看起來也就大智若愚了，正因如此，人們又禁不住要欽佩小威廉的機智和聰明了。

在現實交際中，適當地運用「大智若愚」的技巧，能增添談話的趣味，活躍談話的氣氛，並能充分表現他的才智和精明，使人對你產生好感，從而使你的人際易於成功。但是注意的是，運用這一技巧時，必須適可而止，水到渠成，切忌矯揉造作，否則，就會給人一種自作聰明，嘩眾取寵的賣弄之感，容易引起別人的反感，弄巧成拙，前功盡棄。

47 指鹿為馬，指白說黑

把白的說成黑的，從而產生反差，傳達另外一層眞正要表示的意思，達到精明交流的目的。

人們之所以能心照不宣，原因是語言表層含義的不同，從字面上看，你是指鹿爲馬，指白說黑，從深層意思上說你傳達了另外一層意思，這層意思雖不明言，但已了然於心，而其了然的程度比明白講出來更深，更能表現出精明感。

殺豬的和賣茶的打賭。

殺豬的說：「用鐵錘錘蛋錘不破。」

賣茶的說：「錘得破！」

殺豬的說：「錘不破！」

賣茶的不服氣，拿來一個雞蛋，用錘使勁打下去，雞蛋碎了。說：「這不是破了嗎？」

殺豬的說：「蛋是破了，可我說的是『錘』不破啊！」

這裡殺豬的用的就是指鹿爲馬法，因爲雞蛋很容易破是常理，賣茶的自然說錘得破，殺豬的偏偏抬槓，把不破的主體偷換成錘子，致使賣茶的上當。

再看一個廣泛流傳的現代幽默：

某工廠兩個工人在品評他們的廠長。

「廠長看戲怎麼總是坐在前排？」

「那叫帶領群眾。」

「可電影他怎麼又坐中間了？」

「那叫深入群眾。」

「來了客人，餐桌上爲何總有我們廠長？」

「那是代表群眾。」

「可他天天坐在辦公室裡，機臺附近從不見他的身影，又怎麼講！」

「『傻瓜』，這都不懂，那是相信群眾嘛！」

誰都明白這兩位工人在心照不宣地指鹿爲馬，指白說黑地諷刺他們廠長的作風。雖然顯得名不符實，很表現出他們的精明。

指鹿爲馬是不科學的，但是如果不是有意欺騙，雙方心照不宣地名不符實，則能展現出精明。

英軍總司令威靈頓公爵在滑鐵盧大敗拿破崙後，凱旋倫敦，當時舉辦了一個相當隆重而盛大的慶祝晚會，參加這次宴會的有各界社會名流、貴族紳士，還有許多參戰的軍官和士兵。

晚宴的菜肴十分豐盛，末了，在每一個人面前都擺了一碗清水。其中一名士兵竟大大方方地將這碗水端起來喝了一口，見此情形，在場的貴賓都竊笑不語。

原來這碗水是在吃點心之前用來洗手的，而這個農家出身的士兵哪裡懂得這種宮廷裡的規矩，因而出了笑話，當時那位士兵羞得臉通紅。

就在這個時候，威靈頓端起這碗洗手水站了起來：

「各位女士們、先生們，讓我們共同舉杯向這位英勇的戰士乾一杯吧！」

一陣熱烈的掌聲後，大家舉杯同飲。

那位士兵和在場的每一個人都為威靈頓公爵的人品、作風而大為感動。

威靈頓公爵的指鹿為馬、將錯就錯，不僅為那位士兵解脫了困境，也表現了他崇高的人品和精明。

48 說話含蓄，游移其辭

交談時的含蓄和得體，比口若懸河更可貴。

說話含蓄，是一種藝術，同時也是精明的一大技巧。常言說：「言已盡而意無窮，含意盡在不言中。」含蓄表達法是把重要的、該說的部分故意隱藏起來，或者說得明顯，卻又能讓人家明白自己的意思，而且把精明寓於其中。

如果說話者不相信聽眾豐富的想像力，把所有的意思和盤托出，這樣不但起不了精明的作用，而且平淡無味、言語遜色、使人厭倦。因此，有的話不必直說，甚至把本來可以直說的話，故意用含蓄表達法表達，從而產生一種耐人尋味的精明效果。

含蓄表達法這種精明技巧，有一定難度，它要求有較高水準的說話藝術和高雅的精明語，它表現了說話者駕馭語言的功夫和含蓄表達精明的技巧，同時，也表現了對聽眾想像力和理解力的信任。

有個酒吧酒保，脾氣非常急躁，一天，有位客人來喝酒，客人剛喝了一口便叫：「好酸，好酸！」

酒保大怒，不由分說，把客人綁起來，吊在屋上。這時來了另一位顧客，問酒保為什麼吊人。酒保回道：「我酒吧裡的酒明明香醇甜美，這傢伙硬說是酸的，你說該不該吊？」

來客說：「可不可以讓我嘗嘗？」酒保殷勤地給他端來一杯酒，客人喝了一口，酸得皺眉眯眼，對酒保說：「你放下這個人，把我吊起來吧！」

後一個顧客顯然機智地用含蓄表達法，精明地表達了酒酸，使酒保明白了酒的確非常酸。

在現實生活中，這種運用含蓄表達法精明技巧的例子，經常見到。

下面我們看一個「含蓄表達」和「鋒芒畢露」對比的例子。

有一家理髮店，門前貼著一副對聯：「磨刀以待，問天下頭顱幾許；及鋒而試，看老夫手段如何！」這副直來直去的對聯，磨刀霍霍鋒芒畢露，令人膽寒，嚇跑了不少顧客，自然門可羅雀。

而另一家理髮店的對聯則含蓄精明：「相逢儘是彈冠客，此去應無搔首人。」上聯取「彈冠相慶」的典故，含有準備做官之意，又正合理發人進門脫帽彈冠之情形。

含蓄表達法的精明技巧，有時是人們用故意遊移其辭的手法，既不背語言規範，又給人以精明之感。如有的演員自嘲自己長相差時說自己「長得抱歉」，「對不起觀眾」；店員遇到顧客買了商品未付款而準備走時，問一句：「我找你錢了嗎？」——大多數顧客會馬上回答：「啊，我忘了付款！」而說一個人「貪睡」為「床鋪利用率很高」等等都是絕妙的表達。

49 謬上加謬

不荒謬，就不可能有趣。可是對方的結論並不是本來就荒謬的。荒謬是引伸出來的，因而能不能精明取決於你引伸的能力和魄力。

謬上加謬法是把一種荒謬極端化或者把荒謬性層層演進的精明語。它要求不但有精明語，還要使精明的程度加大。這就要求精明人把微妙的荒謬性擴大為顯著的荒謬性，把潛在的荒謬性提高為擺在面前的荒謬性。

中國古代有個笑話說：王員外非常吝嗇，從來不請客，一次有人問他的管家什麼時候王員外才會請客，管家說：「要我家主人請客，非等來世。」王員外在裡面聽到了，破口大罵：「誰要你許他日子。」

本來說「來世請客」，已經由於來世的不存在而不可能了，也可以說徹底否定了，說的人和聽的人都很明白，沒有任何疑問。從傳達思想來說這種極端已經足夠了，但是從構成精明效果來說，還不夠，因為它太平淡了，不夠極端，精明語所要求的荒謬，得有點絕才成。

王員外絕就絕在明明來世請客是永遠不請客的意思，否定的意思，他卻認爲不夠，因爲從形式上來說來世請客，句子是肯定的，還沒有達到從內容到形式都絕對否定的程度，在他看來哪怕是否定請客的可能性，只要在字面上有肯定的樣子也都是不可容忍的，正是這種絕對的荒謬產生了精明語。

有一個古羅馬時期傳下來的故事：某甲想要安安靜靜地工作，就吩咐僕人，如有來訪者就說他不在家。這時某乙了，遠遠看到某甲在家中，雖然某乙不相信僕人所說的話，仍然回去了。這裡沒有什麼極端化的成分，也沒有什麼可笑的地方。要讓笑意不由自主地產生，就得往極端上推。

故事接下去：

第二天，某甲去拜訪某乙，某乙出來對某甲說：「我不在家，我不在家！」

這更夠荒謬了，明明自己出來了，卻說不在，但是還不夠絕，因爲這種荒謬還帶著賭氣的可能，純賭氣則不屬於精明之列，它與輕鬆的笑無緣（除非是故意假賭氣），某甲大惑不解。某乙說：

「你這人太過分了，昨天，我都相信了你僕人的話，而今天，你居然連我親口說的話也懷疑。」

這話眞叫絕了。

絕就絕在一句話中包含著多層次的荒謬，第一個層次，明明在，卻說不在；第二個層次，你昨日明明在，卻讓僕人說不在，這成了我今日說不在的前提；第三個層次，我明明知道你僕人說謊卻相信了，而我比你的僕人的地位更高，所以我的謊言你更必須接受。

強化精明效果的方法除了把荒謬推到極端外，還可以將多種荒謬集中在一個焦點上，成爲複合的荒謬，我們把它叫做謬上加謬或謬上疊謬。

謬上加謬的特點是不管多種可能性的，它只管一條路往荒謬的結果上推演，歪理歪推才有強烈的精明效果。

導致荒謬法是對對方的邏輯和結論不作正面的反駁，而把它作爲前提加以演繹和引伸引到一個顯而易見的荒唐結論上去，由結論的荒唐從反面證明對方的荒唐，這是中西古代哲學家常用的方法，在形式邏輯上叫做「導謬術」。

用這種方法，由於結論是顯而易見的荒謬，因而比一般反駁要有趣的多。

某小學四年級上作文課，老師出了一個題目《放學路上》，絕大多數學生都寫一些虛構俗套的故事，因而驚人的雷同。如果老師從正面去批評就只能說，這麼多雷同，顯示學生都是編故事。這樣批評很正確，但並不有趣，也無法立刻使小學生心悅誠服地接受老師的指導。

但這位老師沒有從正面去進攻，而採用導致荒謬的方法。他說：「你們的作文，三分之一寫揀到錢包交給員警，三分之一寫在公共汽車上讓位給孕婦，三分之一寫扶人過馬路。別的不說，光說揀錢包，我活了這麼大年紀，上班下班走了這麼多年，就沒有你們那樣好運氣，我怎麼一次也沒有揀到過錢包啊！」

學生們哄堂大笑起來，這說明，他們立刻分享了老師的精明語，也同意老師的觀點。

比之正面反駁，導致荒謬的好處就在於它有趣而且能迅速與對方分享，使雙方不但在認知上，而且在情感上達到一致。

精明語能消除二者在情緒上對抗的可能。

有趣的關鍵在於極端的荒謬。法國十五世紀作家戈蒂埃說：「極端滑稽的就是極端荒謬的邏輯。」

50 字詞拆合妙趣橫生

加減乘除，只要用得巧妙，也是別有情趣。

語言之所以能夠促成妙趣橫生，不外乎幾個特點：一是它往往有一語多義、一義多語的情況；二是語言中音同字不同、字同音不同的情況。諳熟語言技巧的人往往抓住語言的上述特點，或是變換場合，或是強作扭曲，引人聯想，從而產生妙趣橫生的效果。

字詞拆合是從語言的組合和結構特點入手，並兼用上面我們提到的語言的其他兩個特點，以個別字、詞的拆離或組合爲手段造成歧義，從而構成妙趣的技巧。

有位少婦她的丈夫有很多優點，但有一項大毛病，那就是懶，要他幫忙做點事時，他總是滿臉痛苦的樣子。

有一天，少婦實在對此忍無可忍了，於是質問他：「你到底是懶，還是有病？如果是懶，從今天起必須分擔一部分家務；如果有病，我寧願侍候你一輩子！」

他笑嘻嘻地回答了兩個字：「懶病。」

丈夫不願做家務，引得賢內助滿腹牢騷，終於決心給他一次「最後抉擇」的考驗。看上去兩人之間劍拔弩張，非大鬧一場不可了，但丈夫卻靈機一動，巧妙地化解了一場口舌之爭。

丈夫斷章取義，從妻子所提出的前後兩條「建議」中分別抽出了兩個字：「懶」和「病」，使其意義與原來截然不同了。

按常規處理辦法，面對妻子二者必居其一的要求，許多人爲了挽回「一家之長」的「面子」，一定要跟妻子爭個上下輸贏來。但這是一種最不可取的做法，常言說得好，「家不是講理的地方」，的確，在家庭中應該講愛，講夫妻之間的體貼和關心。另外一些稍微明智一些的人立即會察言觀色，作出妥協，以換得夫妻感情上的融洽。

但最上策則莫過於上面提到的那位丈夫了，「懶病」二字道出一種令人無可奈何的狡黠，讓火冒三丈的妻子一下子火氣全無了，這樣不是更進一步增強了夫妻之間的友好和默契嗎？

上面這位朋友的丈夫採用的就是典型的字詞拆合的語言技巧。在應用中，拆未必一定要和合聯繫在一起進行，「一步到位」的簡單的拆離同樣可以起到妙趣橫生的效果。

字詞拆合的運用是對一個人應變能力、文化素質等綜合因素的一種考驗，因而具有較高的難度。冰凍三尺非一日之寒，只要我們能不斷地從生活和書籍的海洋裡汲取知識，就一定會在看似平淡無奇的一字一詞中發掘出智慧的光芒！

第五章

講演發言

5

51 自我調侃

如果我們能夠常常以自己可笑的地方，開開玩笑，一定可以贏得許多朋友的友誼。因爲你尊重別人，取笑自己，正表示你是把自己看做和朋友一樣處於同等地位。

美國著名律師曹特是一位善講自己笑話的人。有一次，哥倫比亞大學校長在他登臺演說時，先將他介紹給聽眾說：「他算得是我國第一位公民！」曹特似乎很可以立刻抓住這個難得的機會，大模大樣地開著玩笑說：「諸位靜聽，第一位公民要開始演講了」。但是他如眞那樣做，便是一個沒人瞧得起的傻瓜了。

那麼該如何說呢？他不但要利用這個介紹詞幽默一下，並且還要從中獲得聽眾的好感。他說：「剛才校長先生說的一個名詞，我起初有些聽不太懂。第一位公民——是指什麼呢？現在我才想到，大概他是指莎士比亞戲劇中常常提到的公民。這位校長先生一定是研究莎氏戲劇極有心得的人，他替我介紹時，一定又在想到他的戲劇了。諸位聽眾一定知道莎士比亞是常常把許多公民穿插在他的戲劇中，充任不關緊要的角色，如第一個公民，第二個公民之類，這些配角每人所說的話大都只有一兩句，而且多半是毫無口才，沒有高明見識的人，但他們差不多都是好人，即使把第一第二的地位交換一下，也根本不會顯示有何不同之處。」

這眞是一篇聰明絕頂，竭盡幽默能事的妙論！他把校長先生替他戴上的高帽子，丟給大家去戴，顯示自己是與聽眾站在一樣的地位。同時他的言語措詞也是高人一等。如果他改用一種莊重的態度，簡括地說：「校長先生說我是第一位公民，大概是在說我是一個舞臺上的配角。」結果絕不會那樣生動有趣，使得聽眾笑顏逐開。

52 從感性的話講起

演說時先講感性的話，感動了群眾，就征服了群眾。

一九五二年，尼克森加入了艾森豪總統的競選團隊。就在這時，有人揭發：加州的某些富商以私人捐款的方式暗中資助尼克森，而尼克森將那筆錢做爲參議員所得收入。

尼克森據理反駁，說那筆錢是用來支付政治活動開支的，絕沒有據爲已有。但是，艾森豪堅決要求他的競選夥伴必須「像獵狗的牙齒一樣清白」，並準備把尼克森從候選人名單中除去。

這樣，那一年十月的一天晚上，十點三十分，全國所有的電視臺、電臺將各自的鏡頭、話筒對準了尼克森——他不得不通過電視解釋這些捐款的來龍去脈，爲自己的清白作辯護。

尼克森在講話中並不單刀直入地爲自己辯解，以清洗醜聞給他蒙上的灰塵，而是多次提到他的出身如何低微，如何憑藉自己的一股勇氣、自我克制和勤奮工作才得以逐步上升的。這合乎美國那種競爭面前人人平等的國情，博取了觀眾和聽眾的同情。

說著說著，他話題一轉，似乎是順便提起了一件有趣的往事，他說道：「我在被提名爲候選人後，的確有人給我送來一件禮物。那是在我們一家人動身去參加競選活動的那一天，有人說寄給了我家一個包裹。我前去領取，你們猜會是什麼東西？」

尼克森故意打住，以提高聽眾的興趣。

「打開包裹一看，是一個小箱子，裡面裝著一條西班牙長耳朵小狗兒，全身有黑白相間的斑點，十分可愛。我那六歲的女兒特莉西亞喜歡極了，就給它起了一個名字，叫『棋盤』。大家都知道，小孩子們都是喜歡狗的。所以，不管人家怎麼說，我打算把狗留下來……」

這就是歷史上有名的尼克森的「棋盤演說。」

事後，美國的一份娛樂雜誌馬上把這篇「棋盤演說」嘲諷爲花言巧語的產物。好萊塢製片人達里爾．查納克則說：「這是我從未見過的最爲驚人的表演。」

尼克森當時還以爲自己失敗了，爲此還流過不少眼淚。可最後事態的發展完全出乎大家的意料，成千上萬封讚揚他的電報湧進了共和黨全國總部，他因爲表現出色而最終被留在了候選人的名單上。

日本前首相田中角榮也非常擅長從感性的話入手去演說。

一九七一年三月十四日，田中角榮在日本電視臺對全國觀眾說：

「前些時候，我那八十歲的老母親還對我說『小鬼，再努力地奮鬥下去！像你這麼小小的成就，離成功還早得很呢，可不要妄自尊大哦！』」

田中角榮的這番話暗示大家：一直到現在，我在事業上有了成就，但仍忘不了過去被母親批評時母親那諄諄的教誨，另一方面，母親的音容笑貌和對她的緬懷一刻也沒有離開過自己的腦海。

田中在另一次演講時又說：

「我離家的時候，母親送給我一卷紙幣和松葉，我便把它們當成自己的護身符，片刻也不離身。因爲萬一求取功名的夢幻破滅而黯然返鄉時，仍然可以重返到母親溫暖的懷抱中去。因爲，我思念故鄉，家裡的老母親正在盼望自己的孩兒回家。」

田中角榮這種感性的話——懷念老母親的扮相，在有些人的眼裡或許被視爲故作感情脆弱，而且十分肉麻。但是，無可爭辯的是，正是他的這種「扮相」感動了民眾。日本絕大多數民眾將田中角榮看作是一個「充滿人情味、稟性善良的好人」的偶像。

因此，他在選民中的支持率急劇上升。在廣大民眾的熱情擁護下，田中角榮在職期間也取得了不俗的政績。

說感性的話，主要是利用人性的弱點，用濃厚的人情味拉近人們心理上和感情上的距離。古人云：用兵之道，攻心爲上。攻城爲下。同樣，說人之道也是攻心爲上。

說感性的話便是一種高明的攻心演說術，使對方在情感上與你產生強烈的共鳴，不知不覺成爲你的俘虜，從陌生到熟悉，化對立爲調和，恰似山窮水盡疑無路，柳暗花明又一村。

作爲公眾人物，難免會遇到一些常人難以想像的困難，但尼克森和田中角榮的成功應該能夠給我們一些啓示。假如你在生活中遇到一些充滿「敵意」的人，爲何不嘗試一下「說說感性的話」？彼此之間溝通一下感情，雖然不敢肯定他一定會對你產生好感，但至少也會覺得你沒有他想像中的那麼「可惡」。

53 即席發言要短而精

我們要記住這樣一個演說原則：在任何地方和場合，針對任何話題，我們都要做到儘量短而精，避免重複囉嗦不著邊際。

在許多會議場合中，我們常常會遇到有即席發言的機會。這時，如果你是一位巧辭令、善言談的「老手」，是不成問題的，但如果你是一位缺乏辭令、害怕在眾人面前講話的「新手」，也不必緊張、迴避，要勇於拿出全部熱情和膽量來，針對不同場合、對象說出能完全表達自己思想、意見或眞情實感的精彩發言來。

通常的情況下，有如下幾種即席發言：

（1）被人詢問時的即席發言：

被人詢問時的即席發言，通常是在學術性的研討會、新聞記者會或法庭答辯上，是被動式的發言。這種發言受詢問內容或詢問主題的限定，因此，就發言範圍來講是容易把握的。這種答覆式的發言，應問一答一，問二答二，將所需回答的問題，作條理清楚、內容完整而又是非曲直分明的闡述可以了。

如果是被人質疑，那就將「疑點」所在，做出符合事實和理由充分的回答。如果是法庭上的答辯，就將所涉及問題的時間、地點、在場人、事實的經過等加以闡明，並陳述你的申辯理由。如是學術上的解釋，就將自己的觀點或研究成果，用科學的方法加以論述或闡明，倘若遇到深奧艱澀難懂的問題，可用淺顯易懂的形象性的語言加以說明……這樣，便能將所答的問題說得明明白白了。

（2）必須加以說明的即席發言：

這種即席發言，通常在是一個問題、一件事情被人誤解，曲解，與會者或大眾不甚明白或不知眞相時的一種解釋性發言，這種即席發言既可以是指出、糾正問題的事實眞相，以達到澄清事實的目的。也可以是爲自己或世人作辯白，一是和盤托出事實，以明眞相，用事實來說明問題；二是要在道理上充分地闡述或說明，要抓住問題或事實的實質，切忌使用「描繪」、「誇張」之類發揮性言詞，否則會適得其反，把本該容易說明的問題，弄得複雜化了，致使聽眾反感。

(3)「靈感」勃發時的即席發言：

什麼是「靈感勃發」呢？就是指觸景生情、由二連三或見鳥思鴿的聯想、遐想。這種情況，常在座談會、酒席間、私人聚會上碰到。由談話者的一席話或一句話而發生聯想、勾起情思，或見到一位老同學、老同事、老部下或老上級時所勾起的回憶；或是因酒興奮，情思奔流、話語的閘門開啓等情況下而發等等。這種「靈感」湧流式的講話，通常要視場合、情景而定，以幽默、有趣、歡樂的內容、語調和氣氛爲宜。要把握簡潔、得體、高雅、有趣這樣四個要素。切忌酒後失言，不要講那種掃興話或長篇大論的廢話、贅話。

(4)被邀請時的即席發言：

被人邀請的發言，一是應該謙遜；二是應該講出於會眾有益的話來；三是應該充分估計會眾的客觀要求，說出受人歡迎的話來；四是要簡短、幹練。

「謙遜」，就是對主人（單位、團體）說些適當的謙卑語言。如感謝主人的熱情好客，讚揚主人的成績、善舉、為人風格和精神品德等。

「說出於會眾有益的話來」，就是講話的內容能使會眾獲得思想上的啟蒙和知識上的啟迪；要注意講話者的自我形象和美的感染力，不僅要以理服人，還要以情感人，以「楷模」出現在講壇上。

「充分評估會眾的客觀要求」，就是說，會眾需要麵包，就不要去描繪天堂如何美好；會眾需要安撫，就不要去激怒會眾；面對需要「疏導」的一群青年人，你就不要去「堵塞」或橫加干涉。

「要簡潔，不要空饒舌」，大凡一句話能講完的就不要用兩句話、三句話甚至喋喋不休地空話、大話和廢話。做到了上述四點，如果再能藝術地發揮一下講演技巧，那這次的受邀發言是會成功的。

其他人對於自己所談的論點沒有主動回應或疑問時，應該儘快設法把這個談話結束，即使與會者精神都還好，也應該讓大家休息休息了。使自己包辦了大半的發言機會，是不得已時才偶而為之的情況，若以為別人愛聽自己的話，或不管別人感興趣與否只顧自己隨意說下去，就違背談話藝術之道了。

54 緊扣重點

緊抓要點給人一種簡潔、幹練的印象。冗長繁瑣的客套，令人生厭。

抓住關鍵點，長話短說，不講空話，不無的放矢，不重複別人已講過的或眾所周知的俗套，是贏得會眾的說辯謀略。冗長的說教，滿嘴的陳腔濫調，沒有自己獨特見解的發言，只能引起聽者的心煩和厭倦。

一次偶然的機會，馬克・吐溫與雄辯家瓊西・M・得彪同乘一條船。船行數日後，兩人應邀參加一次晚宴。席上演講開始了。馬克・吐溫第一個滔滔不絕、充滿情感地講了二十分鐘，贏得了一片熱烈的掌聲。

然後，輪到得彪演講，得彪站起來，面有難色地說：

「諸位，實在抱歉，會前馬克・吐溫先生約我互換演講稿，所以諸位剛才聽到的是我的演講，衷心感謝諸位認真地傾聽及熱情地捧場。然而不知何故，我找不到馬克．吐溫先生的講稿了，因此我無法替他講了，所以，請諸位原諒我坐下。」

馬克．吐溫被他一番話鬧得哭笑不得，向得彪投去略帶抱怨的目光，然後無可奈何地聳了聳肩。

德國著名詩人和戲劇家貝托爾特．布萊希特討厭那些冗長單調而又沒有多大效果的會議。

一次，有人邀他參加一場作家的聚會，並請他致開幕辭。布萊希特公務纏身，不想參加，便委婉地拒絕了。哪知，舉辦人並不甘休，想盡一切辦法，直至布萊希特無可奈何地答應爲止。

開會那天，布萊希特準時到會，悄悄地坐在最後一排。主辦人看到後，把他請到了主席臺就座。

一開始，主辦人講了一段冗長卻沒有什麼實際內容的賀辭，向到會者表示歡迎，然後，高聲激動地宣佈：

「現在，有請布萊希特先生爲我們這次大會致開幕辭！」

布萊希特站了起來，快步走向演講的桌子前。

到會的記者們趕緊掏出筆和小本子，照相機也哢嚓哢嚓響個不停。

不過，布萊希特卻讓某些人失望了，他只講了一句話：

「我宣佈，會議現在開始！」

馬克思的女兒燕妮，有一次曾請教當時德國著名的一位歷史學家，問他能否將古今的歷史縮寫成一本簡明的小冊子。教授笑著答道：「不必。」

他說，只需用四句諺語，就能概括古今的歷史：

一、當「上帝」要某人滅亡的時候，往往先讓其有炙人的權勢。

二、時間就是一個巨大的篩子，最終會淘去一切歷史的陳渣。

三、蜜蜂盜花，但結果反而使那些花開得更盛，嫵媚迷人。

四、暗透了便望得見星光。

抓住關鍵的要點，最重要的就是說出你要談論的主題，其餘的客套話儘量少說或不說，這樣你的會眾才不會感到不耐煩。

當然，這一方法的運用必須針對特定的對象，並不是對所有的人都適用。假如對方跟你不熟，而你則一上來就直奔主題，必令人感覺唐突，其效果可想而知。

一般說來，這一方法主要是針對那些跟自己關係比較熟識的人，或者是在一些比較正式的場合，如：商業談判、會場、做報告演講等。在這些場合下，如果你能夠做到抓住要點，一針見血，沒有那麼多冗長的廢話，就會很快地吸引會眾，使他們迅速地進入主題，接下的事情無疑就會順利了。

55 通情達理

有了互相了解，有了感情交流，就有了心理共容的基礎，話就能夠說到對方心裡——通過「通情」而「達理」了。

卡內基在《怎樣使你的談吐更動人》中說：「言出心聲，動之以情，是任何消極對立的觀點都難以招架的。」

接著他談了自己的切身經歷和深刻感受。有一次，他應邀擔任哥倫比亞大學柯帝士演講金獎賽評審委員。競爭者是六名科班生，都受過一系列有計劃的訓練。其中除了一人之外，其他人的目的都單純是爲了贏得獎章，他們壓根兒就不曾想到通過演講是要使別人信服自己的觀點，他們選擇的主題只是根據演講技巧的需要，對自己所提出的論點原本並無多大興趣，爭取演講的成功在他們看來也僅僅是演講技巧的一次練習而已。

可那位例外者，祖魯部族首領的兒子，則選擇了《非洲對現代文明的貢獻》

作爲自己的題目。他對自己所說的每一句話都注入了深厚的感情，他是在代表他的人民和美國對話，以自己傑出的智慧、高尚的人格和美好的嚮往，表達了非洲人民的追求和願望。

儘管他在技巧上可能難以勝過對手，卡內基等評委們還是把獎章給了他。因爲他的話語中燃燒著眞誠的火焰，而其他的演講者卻普遍華而不實。

這位祖魯王子以他自己的方式，在那遙遠的土地上領悟到：同別人談話，光用理性往往難以使別人信服，還必須讓人知道，對自己所說的話是如何深信不疑。

他的成功昭示：無論成功的演講，還是成功的辯論，都必須有明確的目的和深厚的感情；對辯題的選擇和論辯的內容，既要使人信服，更要讓自己深信不疑；要通過情理相生的手段，達到通情達理的目的。

情感是理論的啓動鑰，是辯論的原動力，這道理我們還是通過具體的故事來闡釋。

法國企業家拉第艾專程來到新德里，找拉爾將軍談一樁飛機銷售的大買賣。

拉第艾到了新德里，幾次約將軍洽談，都沒能如願。最後總算逮著通話機會了，卻隻字不提飛機合約的事，只是說：「我將到加爾各答去，這只是專程到新德里以私人名義來拜訪將軍閣下，只要十分鐘，我就滿足了。」拉爾勉強地答應了。

秘書引著拉第艾走進將軍辦公室，板著臉囑咐說：「將軍很忙！請勿多占時間！」拉第艾心想，太冷漠了，看來生意十有八九要告吹了。

「您好！拉第艾先生！」將軍出於禮貌伸出了手，想三言兩語把客人打發走。

「將軍閣下！您好！」拉第艾表情眞摯、坦率地說：「我衷心向您表示謝意……」

「……？」將軍一時莫名其妙。

「因爲您使我得到一個十分幸運的機會，在我過生日的這一天，終於又回到了自己的出生地。」

「先生！您出生在印度嗎？」將軍微笑了。

「是的！」拉第艾打開了話匣子，「一九二九年三月四日，我出生在貴國名城加爾各答。當時，我的父親是法國歇爾公司駐印度代表。印度人民是好客的，我們全家的生活得到很好的照顧……」

拉第艾娓娓動情地談了他對童年生活的美好記憶：「在我過三歲生日的時候，鄰居的一位印度老大媽送我一件可愛的小玩具，我和印度小朋友一起坐在大象背上，度過了我一生中最幸福的一天……」

拉爾將軍被深深感動了，當即提出邀請說：「您能來印度過生日眞是太好了，今天我想請您共進午餐，表示對您生日的祝賀。」

汽車駛往餐廳途中，拉第艾打開公事包，取出一張顏色已經泛黃的照片，雙手捧著，恭恭敬敬地展示在將軍面前：「將軍閣下，您看這個人是誰？」

「這不是聖雄甘地嗎？」

「是呀！您再瞧瞧左邊那個小孩，那就是我。四歲時，我和父母一道回國，途中，十分幸運地和聖雄甘地同乘一艘輪船，這張合影照就是那次在船上拍的，我父親一直把它當作最珍貴的禮物珍藏著。這次，我要去拜謁聖雄甘地的陵墓……」

「我非常感謝你對聖雄甘地和印度人民的友好感情！」拉爾說。

自然，午餐是在極爲親切融洽的氣氛中進行的。

當拉第艾告別將軍時，這宗大買賣已經成交了。

試想，如果拉第艾一見拉爾將軍，就義正辭嚴地批評將軍仙蹤難見，秘書態度冷漠，儘管將飛機銷售的大道理講得再頭頭是道，結果能成交這筆大買賣嗎？

絕對不能！可能那些「批判」的話沒有講完，拉第艾就已經被拒之於大門之外了。

拉第艾用的就是「情理交融法」：

先是「只要十分鐘」，專程拜訪將軍，不占多少時間，將軍是無法拒絕的；而這十分鐘的專程拜訪所爲何來呢？這就製造了引導談話深入的懸念。

見面劈頭就有驚人之語：「感謝您對敝公司採取如此強硬的態度……」一面問好感謝，一面出言不遜——感覺上像我們曾經說過的「綿裡藏針」，使將軍一頭霧水不知所云。

接著談自己的出生地與生日，口裡講的是印度人民對自己的友好，眼裡盯的還是將軍：作爲印度人民的兒子和代表的你呢？將軍果然被感動了，請他共進午餐，就有了更多的「十分鐘」的洽談機會。

去餐廳途中，又拿出自己和聖雄甘地和合影，表明自己對印度人民的英雄和領袖的崇敬，於是與將軍有了更多的共同語言，直至簽訂飛機銷售協議。

56 了解聽眾

成功的演講者在於明白如何迎合聽眾的心理。迎合聽眾，但不能溜鬚拍馬，否則只會讓聽眾生厭。

一場演講，如果有人故意搗亂，鼓倒掌、喝倒彩，會場的形勢就不易控制，演講者就會處於極其尷尬的境地。因此，在演講之前，演講者必須充分了解聽眾的情況，包括他們的學歷、群體性格、社會背景等方面，做到有備而來。

一八五八年，林肯要競選美國上議院的議員，他不停地在全國各地作競選演說。這一次，他來到了美國南部的伊利諾州。

那時，伊利諾州經濟不是很發達，農奴制還很盛行，而林肯則堅決主張廢除奴隸制。所以，伊利諾州的農場主們對林肯這個廢奴主義者恨之入骨。他們甚至揚言，只要林肯敢來做演說就要尋找機會置他於死地。

林肯對這些早有所耳聞，但他覺得人與人之間沒有溝通不了的問題，決定競選演說照常進行。同時，他也採取了一些措施，親自登門拜見反對者的首領，同他們開誠佈公地進行了長談，互相交流一下意見。

演說那天，人山人海。不少反對者腰掛短槍，腿綁利刃，氣氛相當緊張，但林肯還是從容不迫地開始了他的演講：

「南伊利諾州的同鄉們，肯塔基的同鄉們，密蘇里的同鄉們，聽說在場的有些人下決心要和我作對。我實在不明白爲什麼要這樣做，我也和你們一樣，是一個爽直的平民，我爲什麼不能和你們一樣，有發表意見的權利？

朋友們，我並不是你們所想像的那樣來干涉你們的，我也是你們中間的一員。我生於肯塔基，長於伊利諾，和你們大部人一樣，是從苦難中掙扎過來的。

我了解你們，但你們也應該花點時間來了解一下我。如果你們眞的了解了我，你就會明白，我來這裡並不想做與你們不利的事。當然你們也應該不會做出對我不利的事。

同鄉們，我們大家應該是朋友。我想做世界上最謙和的人。所以，我誠懇地請求大家：請你們允許我說幾句話。

你們都是勇敢、豪爽的人，這你們不會否認吧！現在就讓我們誠懇地討論一個嚴重的問題，如何？」

這幾句近似套近乎的開場白，居然起到了奇效。會場剛開始的那種敵意消失了，取而代之的是全場熱烈的掌聲。

林肯之所以會成功，因爲他明白：自己是競選者，最需要的是選票，而不是與這些人的恩恩怨怨。因此，他並沒有直接面對雙方爭執的焦點——奴隸問題，而是借同鄉關係來拉攏這些人的感情，贏得他們的好感。

當代演說家曲嘯曾應邀到瀋陽一所監獄裡作演講。演講的對象不是管教幹部而是那些罪犯。

這個前所未有的演講讓曲嘯犯了愁。眾所周知，罪犯是個特殊群體，他們因觸犯了法律而接受應有的懲罰，但這群人之中眞是魚目混珠什麼人都有，如何才能使他們投入到自己的演講中來，使他們通過自己的演講接受一次教育呢？

曲嘯經過苦心琢磨，一篇演講稿終於出籠了。

演講這天，曲嘯步入會場，犯人們在武警和管教幹部的看管下井然有序地端坐臺下，會場鴉雀無聲。但曲嘯看得出很多人漠不關心，眼神發呆，是身在曹營心在漢。

於是，曲嘯提高聲音說道：

「觸犯國家法律的青年朋友們，你們好！很高興有機會和大家見面……」

僅僅說了一個開頭，犯人們就自發地鼓起掌來，因爲他們雖觸犯了法律，但做人起碼的自尊還在。他們看慣了人們對他們冷漠的眼神，聽慣了人們對他們的冷嘲熱諷，但今天，這個人——曲嘯，居然還把他們當作朋友。

演講結束後，許多犯人流下了激動的眼淚，演講效果極佳。

人人都有自尊，犯人們雖然失去了人身自由，但他們也是人，也不例外，就像偷東西的人也討厭人們稱呼他們爲「賊」。所以，對這些犯人演講，開頭肯定不能說「罪犯們」，曲嘯繞開這個彎子，改爲「觸犯國家法律的青年朋友們」，十分貼切，也讓犯人們樂於接受。有了良好的開端，自然也會有一個不錯的結尾。

化敵爲友法，目的就在於使聽眾樂於聽取演講者的講話，這是演講成功的第一步。只有讓聽眾能夠接受你，他才會用心去聽，去思考，最終對你心悅誠服。

57 幽默帶來歡樂

適時幽默，是演講爭辯時極其佳妙的武器，它能使你一鳴驚人，但如用錯便易傷人感情，被人看做一種惡毒的諷刺，後果將不堪設想。

當你與人爭辯一件事時，幽默常常能夠使你獲得驚人的勝利。

美國的約翰·愛倫競爭一場極艱難的國會選舉時，就會因爲用了幾句幽默的話，而獲得最後的勝利，並揚名全國。

那時與愛倫競爭的對手，是一位與他旗鼓相當的人物陶克將軍。這位陶克將軍曾在內戰時有卓著功勳。並曾任過數屆國會議員。

當競選時，陶克將軍在演講的結論裡說：「諸位親愛的同胞，記得就在十七年前的昨夜，我曾帶兵在山上與敵人經過劇烈的血戰，在山上的樹叢中睡了一晚，如果諸位沒有忘記那次艱苦卓絕的戰績，諸位在預選時，請不要忘記吃盡苦頭、風餐露宿的那個具有偉大戰績的人！」

這種演講辭，在當時最能打動人心，但是愛倫卻能夠在眼看對手快要成功時，用幾句輕鬆言詞把他那篇演講的功效一筆勾消，使自己穩操勝券。

他說：「同胞們！陶克將軍說得不錯，他確是在那場戰爭中享有盛名。但那時我在他手下當一員無名小兵，代他出生入死、衝鋒陷陣還不算，當他在樹叢中安睡時，是我托著武器，站崗荒郊，飽嘗寒風冷露警戒保護他。諸位想起那時的情景，如果是同情陶克將軍的，當然應選舉他，反之，如果同情我的，我或可對於諸位的推選當之無愧！」幾句話說得聽眾心感神服，不久，便把他擁進國會。

愛倫在國會奉公守法，還會常常運用幽默排解種種艱難的問題。一次，他想在國會發表一篇演講，但被一議員所拒，於是他立刻裝出一副哭喪臉，抽噎地說：「雖然你們拒絕我說話，但是請你們在會議的記錄上代我再插入幾聲歡呼喝采，我想這一點小小的要求，總不會也被你們拒絕吧？」一番話說得全體議員們禁不住哄堂大笑。本來愛倫之所以演講，是爲了要修改會議記錄，那位議員的拒絕，是根據國會法律。但是現在他即說出這樣雋永的言詞，便使人覺得並無堅持那條法律的必要，於是一致通過愛倫發表那篇演講。

愛倫在演講終了時，又使用他的幽默手腕，得到世人格外愛戴。他在結尾時說：「議長！我已經把我所持的理由全盤托出，對不對由你們去評判，現在我要回休息室，去愧受朋友們的賀辭了。」這眞可說是一段千古罕見、妙不可言的演說結尾，他充分表現了演出者的堅定自信，因此，博得全席的不少掌聲。

58 慷慨激昂壯氣勢

萬馬奔騰，情緒激昂的氣勢可以增強演講的「殺傷力」。

在演講中運用排比句式，可以淨化思想、加強語勢、增強語言的節奏和韻律。用它來說理，可以使論述細密嚴謹；用它來敘事，可以使事物集中完美地表現；用它來抒情，可使感情激昂奔放。

羅斯福著名的演講——《一九四一年十二月七日——一個遺臭萬年的日子》中，曾有這樣一段話：

「昨天，日本政府已發動了對馬來西亞的進攻。

昨夜，日本軍隊進攻了香港。

昨夜，日本軍隊進攻了關島。

昨夜，日本軍隊進攻了菲律賓群島。

昨夜，日本人進攻了威克島。

今晨，日本人進攻了中途島。」

這段話簡潔有力，擲地有聲，充分說明了日本軍國主義侵略成性和企圖稱霸世界的野心。話雖不多卻句句切中要害，激起民眾對日本法西斯無比的憤恨。

美國著名的黑人解放運動領袖馬丁・路德・金，不僅是個卓越的政治家，革命者，還是一位雄辯家。他的演講好似春風化雨，能激發起美國黑人內心無比的激情。

一九六三年八月二十八日，在美國首都華盛頓舉行的「自由進軍」黑人集會上，馬丁・路德・金爲千百萬黑人演講，其中有幾段話極爲精彩：

「……一百多年前，一位美國偉人簽署了《解放宣言》。現在，我們懷著無比敬仰的心情站在他紀念肖像投下的影子裡。

這份重要的文獻，爲千千萬萬正在非正義烈焰中煎熬的黑奴點起了一座偉大的希望燈塔。這文獻，有如結束囚室中漫漫長夜的一束歡樂的曙光。

然而，一百年後的今天，我們都不得不面對黑人依然沒有自由這個可悲的事實；一百年後的今天，黑人的生活依然悲慘地套著種族隔離和歧視的枷鎖；一百年後的今天，在物質富裕的汪洋大海之中，黑人依然生活在貧乏的孤島之上；一百年後的今天，黑人依然在美國社會的陰暗角落裡艱難掙扎，在自己的國土上受到放逐。

所以，我們今天到這裡來，揭露這駭人聽聞的事實。

這就是我們的希望。

這就是我帶回南方的希望。

懷著這個信念，我們能夠把絕望的大山鑿成希望的磐石；懷著這個信念，我們能夠將我國種族不和的喧囂，變爲一曲友愛的樂章；懷著這個信念，我們能夠一同工作，一同祈禱，一同奮鬥，一同入獄，一同爲爭取自由而鬥爭。因爲，我們明白，我們終將得到自由，我們終將得到原來屬於我們的幸福！」

馬丁·路德·金的這番演說，感動了在場的所有人。黑人們流下了眼淚，白人們也流下了眼淚。黑人們爲他們所遭受的不公正的待遇而傷心、難過。白人們也許是良心受到譴責，也許是感到對這一切自己無能爲力而深感不安。

馬丁·路德·金使用的一段段的排比，言辭懇切，情深意長。既是對黑人遭遇不平的聲討，又是戰鬥的號角，將自己的感情表達得淋漓盡致，極富感染性和鼓動性。

中國近代著名的改革家梁啓超曾寫過一篇《少年中國說》的文章。在文章中，梁啓超也大量運用了排比，表達了他對未來中國繁榮、富強的期盼；同時也充分說明了只有重視青少年的發展，教育才是強國之道：

「少年智則國智，少年富則國富，少年強則國強，少年獨立則國獨立，少年自由則國自由，少年進步則國進步，少年勝於歐洲則國勝於歐洲，少年雄於地球則國雄於地球。」

寥寥數言卻寄託著巨大的愛國之情，在那個被人欺凌的年代裡，民富國強是每一位中國人夢寐以求的理想。這幾句話既是國人們的熱切期盼，也是他們堅定的信念——中國一定要雄於地球。

59 一詠三歎意猶未盡

以情感人是演講者的至高武功。詩一般的語言，表達的是詩一般細膩情懷；暴風雨般的語言，表達的是狂熱、奔放的情懷。無論哪一種情懷只要能感人就是眞語。

一詠三歎能給人一種意猶未盡的感覺。演講者以情動人，講出自己的眞實感受，會讓聽眾置身其中難以自拔。但這種眞情實感不能是故作姿態，逢場作戲，必須是演講者本人的眞實感受。

美國的五星上將，二戰英雄麥克阿瑟不僅是一位叱吒風雲的軍事統帥，而且也是一位富有激情的演說家。

「韓戰」初期麥克阿瑟率領「聯合部隊」橫掃朝鮮半島，勢不可擋，甚至放出了「耶誕節前讓孩子們回家」的狂言，然而戰爭後期遇上中共以人海戰術頑強抵抗，以致聯軍一敗塗地，最終顏面掃地地返回了美國。

令他始料不及的是，美國人民依然熱情地夾道歡迎他們心目中的二戰英雄回國，幾乎是萬人空巷。看著群情振奮的熱烈場面，麥克阿瑟不禁爲之動容，發表了如下的講話：

「我就要結束我幾十年的戎馬生涯了。

當在本世紀初加入陸軍時，我童年時代的全部希望和夢想便開始一步步實現了。自從我進入西點軍校並進行虔誠的宣誓以來，世界已經幾度天翻地覆，希望和夢想從那以後就已經泯滅了。

但我仍然記得那時軍營中最流行的一首歌，歌中唱道：

『老兵們永遠不會死，他們只是慢慢地消逝。』

像這首歌中的老兵一樣，我現在結束了我的軍事生涯，開始消逝。但我可以大聲地說：『我是一名在上帝聖明的指引下盡心盡職的老兵，朋友們，再見了。』」

一段感人至深的心靈獨白，使全場的群眾爲之潸然淚下。

一九六二年，已經八十多歲的麥克阿瑟又回到他曾經生活過戰鬥過的西點軍校，面對眾多和他年輕時一樣充滿理想充滿希望的學員，麥克阿瑟再一次坦露心跡：

「我的生命已接近黃昏，暮色已經降臨，我昔日的風采和榮譽已經消失。它們隨著對往日事業的憧憬，帶著那餘暉一去不返了。昔日的記憶奇妙而美好。浸透著眼淚，得到了昨日微笑的安慰和撫愛。

我盡力傾聽著，渴望聽到吹奏軍號起床時那微弱而迷人的旋律，以及遠處戰鼓急促敲擊的動人節奏。我在夢中依稀又聽到了大炮在轟鳴，又聽到了來福槍在鳴放，又聽到了戰場上那陌生、哀愁的呻吟。

可是，晚年的回憶經常將我帶回到西點軍校。我耳畔回想著，反覆地回想著：責任、榮譽、國家。

今天，是我同你們進行的最後一次點名。但我願你們知道，當我到達彼岸時，我最後想的是學員隊，學員隊，還是學員隊！我向大家告別。」

麥克阿瑟的這番肺腑之言，使那些年輕的軍人們，那些硬漢們爲之動容，不能自已。可見，「情」的力量是多麼強大。

60 誠摯說「謝謝」

「謝謝」兩字很簡單，但很有用，它可以在語言交談中俘獲一顆心靈。

我們在生活中，免不了要請別人幫忙，獲得別人的幫助，這就需要致謝，致謝是對對方的好意和某種高尚行爲的一種回敬。由於對方的好意，或者得到對方的幫助而使自己受益，即使是微不足道的小事，如公共汽車上讓座，某人順便給你拿來一件東西，都應馬上向人家說「謝謝」。如果「謝謝」兩字還不足以表達你的心意時，還可以加上一兩句表示感謝原因的話，如：「這次搬家眞是太感謝你們了，不是你們幫忙，我眞不知怎麼辦好」，「眞感謝你借給我這些資料，解決了我的一大難題」等。

除了別人幫助你做了某件事外，需你說「謝謝」的情況還有：當別人讚揚你的優點或功勞時，按西方人的習慣一般要說「謝謝」或「謝謝您的誇獎」；

當別人送你東西時；當你或你的親人生病，你的同事、同學、朋友去探望時；當你受到主人熱情的款待告別主人時；當別人向你表示關心問候時等，都應表示感謝。

另外，在喜慶宴會、授獎大會、歡迎及送別會上，在致辭以後，一般應由當事人致謝辭，以感謝與會者的關懷、支援和親人、朋友的友誼和幫助。這種致謝方式顯得比較正規，一般是先寫好底稿，即感謝辭。答謝的內容主要包括：述說對方對自己的關心、支持、幫助的具體（或概括）的事實以及產生的效果；熱情讚頌對方的可貴精神並加以致謝；簡單說明自己的打算和決心。

說「謝謝」時，應注意西方人運用致謝語與中國人的不同。中國人尤其是從事涉外工作的人在與西方人打交道時，要注意遵從西方人的習慣，否則就會弄出笑話和帶來麻煩。如西方人眞不需要你的幫忙和你送的東西，他就會說「No, thank you」（謝謝，我不需要了），而你不要理解爲他是在客氣。再有，說「謝謝」時感情要眞摯，表達要清楚，勿含糊咕噥，勿囉嗦繁瑣。這些，都是向人致謝時應注意的事項。

61 答覆記者的提問

「狗仔隊」是讓你成神的輔助器，也是讓你變成鬼的催化劑。

記者會是政府部門、企業、團體向公眾宣佈重要事項、傳達重要資訊而邀請記者們參加的重大社交活動，主要目的是借助大眾傳媒傳遞資訊，樹立形象。在記者會上，如何應付記者的提問是整個活動的中心環節，也是展現主要發言者靈活機智應變能力與非凡口才的關鍵。

應答記者提問的方式大致有以下幾種：

（1）正答：

正答，即正面回答。對一些正常的記者提問，可以正面回答的應如實作正面回答。

一九九八年三月，中國國務院新任總理朱鎔基在就任總理後的中外記者新聞發表會上，面對記者提出的諸多問題，從容自信，胸有成竹，能正面回答的問題儘量正面回答，以誠信當先，贏得了中外記者們的好評。

（2）巧答：

巧答，即巧妙回答。有以下幾種方法：

（1）順勢而答：即順應提問的話題，給以巧妙的回答。

（2）以問代答：即用反問代替回答。

例如：在一次電視採訪中，中國著名的作家梁曉聲，遇到了英國記者刁鑽的提問：「沒有文化大革命，可能不會產生你們這一代青年作家，那麼文化大革命在你看來，究竟是好還是壞？」梁曉聲先是一怔，馬上意識到這是一個「陷阱」，作肯定或否定回答，都會落人記者的圈套。他靈機一動，立即反問道：「沒有第二次世界大戰，就沒有以反映第二次世界大戰而著名的作家，那麼您認爲第二次世界大戰是好是壞？」

這個回答非常巧妙，針對怪問就用怪答的方式，把球又踢給了對方，令對方無言以對。

（3）**模糊應答：即用模糊語言回答記者的提問。**

例如：某兩鄰國發生邊界武裝衝突，在中國新聞發言人舉行的記者會上，有記者問中國政府對這種衝突有何看法。由於不便對該衝突事件作出評論，發言人使用了模糊語言對事件作出反應：「我們對雙方邊界衝突深表關注，我們希望雙方本著和平共處五項基本原則，本著相互體諒、協商的態度解決糾紛。」

這裡使用的「關注」一詞只是表明中國政府知道了這件事，並沒有表達自己支持哪方、反對哪方的觀點，因而使自己在調解衝突中佔有主動權。

（4）**避而不答：即採用巧妙方式，拒絕或迴避回答對方的提問。**

（5）**類比回答：即通過類比或比喻的方法答問。**

例如：在某公司舉行的一次法說會上，一位記者問：「聽說你們公司負債累累，有二千萬美元的資金缺口？」該公司總裁聽後哈哈大笑，回答記者說：「我的一位競爭對手說我將跳票四千萬美元，不久公司就會倒閉。你聽說了嗎？」在這裡，總裁不就事論事，而是用一位競爭對手的明顯是不懷好意的話作爲類比，含蓄地暗示了記者所聽說的不過是無稽之談，從而否定了記者提出的問題。用這種類比或比喻的方式作肯定或否定的回答，更形象生動，也更具說服力。

62 主持活動的技巧

避免冷場活躍氣氛是活動主持人的必備才能。

在日常社交活動中，各種會議、宴會、典禮、儀式等都需要有人主持、有人組織，主持人的作用非同小可。他們不但要負責整個活動的編排，而且要起到上串下接，穿針引線，溝通聽眾、觀眾的作用，這就要求他們必須具有良好的口才。那麼，如何做到這一點呢？應注意三點：

（1）不死板，不儀式化：

所謂不死板，不儀式化，就是說主持人主持每一次活動，都應注意研究本次活動的內容及參與者的特點，因人因事的不同來組織語言。如主持青年人的活動，語言應當深入淺出明快，充滿朝氣，哲理性強，寓意深刻；主持老年人的活動，則要求適合老年人的特點，姿態大方穩重，語氣溫和親切，語言莊重質樸；主持文藝節目，應當熱烈、歡快；主持會議或其他活動，則又應有所不同，等等。

不儀式化還展現在開場白不能死板、機械、千篇一律。比如：「現在開會，請○○先生講話。」「舞會（宴會、晚會）現在開始。」這就落入俗套了。開場白要因境制宜，作靈活的設計。如設計會議開場白，就要自問三點：能安定聽眾情緒，形成專心聽講的氣氛嗎？能恰當地介紹發言的內容、發言人的身份進而吸引聽眾嗎？形式新穎、不落俗套嗎？符合這三點，開場白的效果肯定是好的，而良好的開場往往是會議成功的起點。

一場活動結束後，結束語也應避免俗套。大多數情況下，主持人會說：「○○先生的講話很重要，要認眞領會好好學習。」或「感謝○○先生百忙之中光臨。」等。這類枯燥的客套話、客氣話已成爲令人厭煩的、毫無眞情實感、缺乏新意的陳腔濫調。作爲一名好主持人，不應按這樣的儀式語言來主持活動，而應有自己的特色。

（2）巧於串場：

主持一場活動，一般都要在中間串場，搭橋接榫過渡照應，把整個活動連綴成一個有機的整體。主持人用連接語不外乎承上啓下：肯定前面的，畫龍點睛；呼應後面的，渲染蓄勢。運用連接語連接時，方法多樣，可以順帶，可以反推，可以借言，可以直說，也可以設疑和答問。總之，不要拘泥於一種方法，一種模式，呆板地「下一個節目是——」，「下一位講話的是……」而應以別開生面、恰到好處爲原則。

同時，會議主持人要善於引導與會者積極發言。引導的方法很多，可採用點將法、激將法或提問法等。適時、適度地提問，可以調動與會者的答疑興趣。不論採用什麼方法，主持人都應積極主動地使會議順利進行，而不致於出現冷場的局面。

（3）應變有術：

主持一場活動，難免會遇到麻煩或變故，對此，主持人應設法加以應付。這裡介紹幾種方法：

（1）如何應付「冷場」：

在某些場合，如會議，主持人常常會碰到「冷場」現象。「冷場」是由各種原因形成的，或是與會者對會議主題內容不熟悉，或因爲沒有充分的心理準備，或有人生性膽怯，不習慣公眾場合的發言或表演。此時，主持人要注意分析「冷場」的原因，採取相應措施打破僵局。除了運用前面所講的點將、激將、提問的方法外，主持人還可以自己做示範，自己帶頭先講，以啓發他人，拋磚引玉。另外，反覆重複強調會議的主題、意義，消除聽眾的各種顧慮，也是激發勇氣，掃除障礙，打破僵局的好辦法。

（2）如何應付「突發狀況」：

在活動主持過程中，最能展現主持人機智靈活的是處理各種各樣的突發狀況。在某次企業內部的聯誼晚會上，主持人在介紹節目時，發生了口誤，把一對夫妻中妻子的名字說成是丈夫的，而把丈夫的名字說成是妻子的，引起臺下哄堂大笑，這時主持人並沒有只說一句「對不起」就草草帶過尷尬的局面，反而加進了一句：「我之所以講錯，是因爲這兩個名字經常出現在一起，這對夫妻太恩愛了，我們願所有的家庭，所有的夫妻都能像他們那樣，恩恩愛愛，美滿和睦。」主持人的機智贏得了臺下觀眾熱烈的掌聲。

（3）如何應付「偏題」：

座談會、新聞發表會以及其他一些會議，常出現偏離中心的現象。如新聞發表會上，記者們常追著藝人的感情八卦猛問，無視於主辦單位策劃的主題，遇到這種情況，主持人應把提問帶回正題，運用靈活機智，扭轉不利的局面，主持人可以提醒記者和與會者，發表會的主題和中心，但話語要得體，不能傷害對方的自尊心，另外，也要把握好整個發表會的時間，見好就收，以防再次出現「偏題」現象。

63 展場解說導覽

明晰的解說能使觀看者產生興趣以達到宣傳的目的。

展覽會是一種通過實物、文字、圖表等來展覽成果、風貌、特徵的社交活動。在這項活動中，解說者起著關鍵性的作用。由於展覽會的解說不僅要有宣傳性、鼓動性，還要有趣味性，使聽眾產生興趣，獲得知識，因而解說者必須具有良好的口語表達技巧。具體說來，要求解說者的解說必須明晰、概要，語氣親切柔和。

(1) 明晰：

解說其實就是口頭說明，因此，應當以明晰爲第一原則。明晰即清楚明白，也就是說在解說過程中，解說者要把解說對象清清楚楚明明白白地告訴觀眾或聽眾，讓人聽起來不費力。爲此，要力求做到以下三點：

第一，解說方法恰當：作爲企業產品的解說，多採用分項說明、數字說明和圖表說明的方法。分項說明指對比較複雜的事物按一定的標準逐條進行說明。如說明某種產品的特點，就要根據這種產品的不同構造一項一項加以說明。數字說明是運用數字的特點，使說明具體化。圖表說明則借助插圖、照片和表格來說明事物，解說過程中，就要依據這些圖表進行解釋說明，並作必要的補充。

第二，解說有序：即根據事物需要說明的順序，有條理地說出來。比如對產品使用注意事項的說明，就要用「先是……」，「再是……」，「最後……」等順序一項一項說明清楚。這樣條理才清晰，程序才得當，也才能使觀眾和聽眾易於理解。

第三，儘量做到口語化：平易樸實，簡明準確的語言才易於爲聽眾所接受，聽起來才明白、易懂。

（2）**概要**：

展覽解說有時需要詳細說明，但更多情況下是抓住事物的主要特點和主要情況，進行簡明扼要的交代和簡要概括的說明。如介紹某種產品，只需概括地說明該產品的歷史、性能、特點以及獲得的榮譽即可。這是因爲解說受時間限制，解說時間短，涉及面又廣，不可能面面俱到，所以要求簡明扼要，清楚明白。

（3）親切：

語氣親切柔和，語調不緊不慢，是解說的基本特點和要求。解說切忌生硬背稿，照本宣科。儘管解說詞大多已事先準備好，但生搬硬套總讓人難以接受。而娓娓道來，如敘故事，如數家珍，則讓人備感親切。因此，要吸引聽眾和觀眾，就需在語調、語氣上多下功夫，這樣，才能眞正達到解說的目的。

64 舌燦蓮花做導遊

一個好的導遊會讓遊客擁有一份溫馨的記憶。

俗話說：「舞蹈演員靠雙腿，導遊人員靠張嘴。」那麼，做爲一名導遊人員，怎樣運用自己的口才爲遊客倍添遊興呢？這就需要根據遊客的特點和當時當地的情境，靈活地運用以下幾種方式：

（1）描繪式：

用具體形象、富有文采的話語描繪風景，使其細微的特點顯現於遊客眼前。如在景色如畫的蘇州西洞庭山的石公山上，一位導遊員對遊客描繪說：「朋友們，我們現在就是身在仙山妙境。請看，我們的背後是蜿蜒蔥翠的叢林，面前是無邊無垠的太湖。青山繞著湖水，湖水托著青山。山石伸進了湖面，湖面『咬』進了山石。頭上有山，腳下有水。眞是天外有天，山外有山；

島中有島，湖中有湖。山如青龍伏水，水似碧海浮動。」接著，他把嘴湊近手提話筒，跌宕有致地口占一絕：「茫茫三千頃，日夜浴青蔥；骨立風雲外，孤撐濤聲中。」聽了這位導遊員的描繪，遊客們就像在觀看彩色立體風景影片的同時，又聽到了優美的畫外音，喜滋滋、樂陶陶，美不可言。

（2）介紹式：

用準確簡潔的語言作介紹，目的是讓遊客初步了解景物，然後再自己去欣賞品味。有位導遊在帶遊客去蘇州城外時，這樣介紹：「蘇州城內園林美，城外青山更有趣。那一座座山頭活脫脫像一頭頭猛獸，靈岩山像伏地的大象，天平山像金錢豹，金山像臥龍，虎丘山猶如蹲伏著的猛虎。獅子山的模樣活似常年回頭望著虎丘的獅子，那是蘇州一景，名叫獅子回頭望虎丘。」遊客們在遊覽時，根據導遊的介紹，品味各座山的不同模樣，嘗到了觀景的樂趣。

（3）暢想式：

面對浩瀚無垠、海鷗輕翔的大海，眼望飛湍奔流、日夜不息的長河，遊客們往往會思緒萬千，感慨叢生。這時就需要導遊以暢想式的語言，說出一些飽含哲理的話，幫遊客抒發出想說而一時說不出或說不透徹的話來，從而得到很大的滿足。如在號稱「海天佛國」的普陀風景區，一群遊客登上當地最高的佛頂山，俯覽大海，仰望蒼天，個個靜思無語。此時，導遊就在一旁做暢想式獨白：「朋友們，腳下那錦鱗片片、白帆點點的水面就是東海，多少年來，這海擁抱著、沖刷著佛頂山，以它特有的英姿啓迪著人們：海是遼闊的，胸懷無比寬廣，海是厚實的，什麼都能容納，海是深沉的，永遠那麼謙遜……常看大海，煩惱的人會開朗，狹隘的人會豁達，急躁的人會沉穩……」聽著這充滿人生哲理的話語，遊客們獲得的又豈止是山水美景？

（4）述古式：

向遊客敘述有關歷史人物、神話故事、軼聞典故等，能溝通景史，使遊客既豐富了歷史知識，又更好地了解美景。有位導遊在帶遊客遠眺蘇州東山沿湖諸峰時，這樣述古：「二千五百年前，那裡是吳國的前哨陣地。南望坡、北望坡是兩個瞭望哨；銅鼓山是擂鼓報警之處；鸚鵡墩是演武墩的諧音，是吳王夫差訓練水兵的地方。相傳范蠡、西施隱居的地方，就在石公山西南湖面的三山島上……」遊客們聽得入了迷，禁不住說：「聽了你的介紹，我們置身的空間彷彿容下了二千五百年的時間，這滋味是單純流覽山水所無法得到的。」

（5）逗趣式：

遊客的興趣是能動的，經常轉移的，常會由此轉移到彼；興趣程度也會時增時減。勞累、景觀重複等原因會使遊客情趣降低。這時，導遊就要用逗趣式的語言，讓遊客在笑聲中消除疲勞。如一位導遊帶遊客游蘇州西園時，發現大家面露倦容，就站到五百羅漢堂裡那尊「瘋僧」雕像前說：「朋友們，這塑像可怪了。他有個雅號叫『十不全』和尚，就是說有十樣毛病：歪嘴、駝背、鬥雞眼、拈風耳朵、癩痢頭、蹺腳、抓手（傴曲著的癱臂）、斜肩胛、雞胸，外加歪鼻頭。別看他相貌怪，但殘而不醜。從正面、左面、右面看，他的臉分別給人歡喜、滑稽、憂愁三種感覺……裡面那五百羅漢，尊尊不同。請耐心去找找，裡面一定有一尊的臉形是像你的。」風趣的話語，逗得大家哈哈大笑，遊興頓增，疲勞也瞬間消除了。

（6）猜謎式：

人們都喜歡愛猜謎。導遊如能結合景觀編些謎語，既介紹了景物，又增添了情趣。例如，有位導遊在杭州九溪十八澗對遊客這麼說：「清代文人俞樾到此，詩興大發，揮筆寫道：『曲曲環環路，叮叮咚咚泉，遠遠近近山……』前面已用了疊詞，朋友們猜猜看，第四句寫樹時，俞樾用的是什麼疊詞？」遊客們議論紛紛，一時誰也沒有猜出來。最後在導遊的啓發下，有位遊客猜出是「高高下下樹」。大家驚佩俞樾用詞精妙，這「高」和「下」貼切傳神，活畫了沿山而長的樹木的情致。再如，遊無錫蠡園時，導遊讓遊客先看春、夏、秋、冬四個亭子中的春亭，指著亭中的匾說：「春亭掛匾題的是『滴翠』，表達了春天的綠，有特色，那麼，夏、秋、冬三個亭會用什麼題匾呢？大家猜一猜？」一石激起千層浪，遊客邊猜邊看，猜中的笑顏逐開，未中的敬佩題匾者文筆之妙。

（7）答問式：

即針對遊客的提問作介紹，力求有問必答，應答如流，答得提問者滿意，旁聽者有味。這應該是導遊人員必須掌握的基本功。答問式的導遊不僅針對性強，還能使導遊和遊客間的感情融洽起來。

65 典禮儀式致辭

名人的效應產生於致辭的水準。

典禮儀式包括節日慶典，開工、峻工典禮，發獎、授勳儀式，開幕式，簽字儀式等。

在典禮儀式中，主賓之間一般都要致辭。在致辭中，可以看出致辭者的口才如何。

典禮儀式中比較常用的致辭有以下幾種：

（1）迎送致辭：

包括歡迎辭和歡送辭。歡迎辭是指代表組織或企業在宴會、酒會、茶話會上向客人表示歡迎和日後團結共事的願望。一般分爲三個部分：開頭表示對來賓的歡迎，中間對過去交情的回顧，最後表達今後進一步合作的願望以及前景的展現，當然依內容的不同而有所側重。

歡迎辭中間部分內容可視具體情況靈活變動。如歡迎來本部門工作的致辭，除表示對他的歡迎和客觀評價他的特長外，還可以簡單介紹本部門的情況，希望來者在新環境裡施展才幹，做出成績。

歡送辭就是主人為客人送行、告別，基於情感和友誼而說的話或發表的演講。社交活動的歡送辭主要表達一種依依惜別之情以及對過去一段時間合作的肯定，結尾處則應有鼓舞、振奮和祝願之語。

歡送辭還應注意措辭，講究文采，適當運用名言、典故、成語、詩詞，或形象化的比喻等。如一位企業家在歡送來訪客人的宴會上說：「過去，我們交往只是一條小路；現在，卻是一條寬敞的大道。我相信，我們的友誼和交往一定會成為一條高速公路。」比喻貼切，恰到好處地道出了他內心的祝願。

（2）賀慶致辭：

賀慶致辭主要是客方向主方祝賀致辭，如開張、慶典等活動，就需賀慶。通過祝賀，表示對對方的理解、支持、鼓勵和祝願，以增進友誼。

一般說，祝賀是針對喜慶意義的事，因此不能說不吉利的話或使人傷心不快的話，而應講吉利的、歡快的、使人快慰和感動興奮的「好話」。如祝賀企業開業，除了開頭表示熱烈祝賀、結尾表示衷心祝願外，中間內容也要根據自己與對方熟悉的程度多讚美對方。從企業開張的充分準備，主管們的不懈努力到員工們的協助配合，以企業今日的開張到美好的前景展望，祝賀辭應不吝讚美語，給喜慶的典禮更增添一份喜慶的氣氛。

祝酒辭也屬賀慶致辭之類。在慶賀的酒會宴會上，主、賓雙方都要互相敬酒並祝辭。祝辭有即興發言，也有準備好稿子的。祝酒辭一般分三段。如主人致祝酒辭，一般包括：感謝來賓光臨酒宴；闡明宴請的目的；對未來的美好祝願。祝酒辭話語要簡短，最好有點文采和幽默感，詞藻可稍加修飾，但不要矯揉造作。

（3）答謝致辭：

在社交活動中，答謝辭是一種回報對方的重要形式。孔子說：「來而不往，非禮也。」答謝辭正是爲了感謝對方的祝賀、幫助、盛情款待而應有的禮節性致辭。答謝辭最重要的是要誠心誠意，有眞情實感，令人聽後感到愉快、親切。構思答謝辭的最好方法是根據過去或正在進行的具體事情，找出它的具體細節並從中把自己的感受和認識講出來，作爲誠致謝意的依據，從而避免虛浮、空泛。答謝辭有的事先準備好，也有的是即興的。

在典禮儀式中致辭時，應注意以下幾點：

（1）注意場合和對象：

致辭總是在特定的情境下進行的，因此一定要考慮到特定的環境、特定的對象，要與當時的氣氛相融，要與聽眾對象的情感相通。

（2）注意開頭和結尾：

「好的開頭是成功的一半」。開頭應不落俗套，富有新意和吸引力。在公眾場合的致辭，如果開頭吸引不了聽眾，你就不能有效地集中大家的注意力，再好的內容，也不會有幾個人聽進去。結尾也很重要，要做到乾脆、有力，給人以鼓勵、希望和信心。

（3）注意內容和措辭：

致辭時目的要明確，內容富有針對性，應明確提出活動的宗旨和要求，表明主賓態度。語言要求明快熱情、簡潔有力，切忌東拉西扯，旁徵博引。措辭要有鼓動性。慶賀典禮宜多用讚揚話，以增強喜慶氣氛，鼓舞人心。

（4）注意體態和風度：

致辭者一般應站立發言，稱呼要得當，體態要大方自然，氣質優雅，根據講話內容致禮於聽眾對象，時而含笑環視其他聽眾。還可以用鼓掌、致敬等動作加強同聽眾心靈的溝通，以增強表達效果。

66 婚禮司儀

在歡慶的婚禮中，司儀的語言要含蓄、文雅，切忌低級粗俗。

結婚乃人生中的一件大喜事，故大多數人結婚，都要舉行典禮儀式。婚禮能否圓滿成功，固然與環境、各方面準備等因素有關，但其主要因素之一，就是看有沒有一個善於隨機應變、口才出眾的司儀。

妙語生花的司儀能使婚禮分外紅火、熱鬧，不僅能使來賓們在笑聲中享受到樂趣，而且能使人們增長知識，得到教益。更可貴的是司儀的有些話能給新婚夫婦留下深刻印象，即便是他們到了「銀婚」、「金婚」之年，子孫滿堂之時，一提及當年的婚禮，仍會忍俊不禁。可見，司儀的口才對於增進友誼，發展愛情，具有不可忽視的作用。那麼司儀究竟應該怎樣發揮其口才的作用呢？應注意以下幾種方法：

（1）妙語開場，渲染氣氛：

俗話說：「萬事開頭難」，主持婚禮也不例外。司儀在婚禮開始時，必須用幽默、風趣的語言，把來賓們的注意力吸引過來，藉以渲染熱烈氣氛，爲下面各項「節目」的進行做好鋪墊。

妙語其實多得很。它既可以取材於生活，又可以取材於古今中外文學作品，但值得注意的是妙語要有針對性，要切合新郎、新娘以及來賓的特點，即要考慮他們的文化程度、思想修養、生活習慣等。例如：有一次，一位較有文學修養的青年結婚，來賓中也不乏文學愛好者。典禮一開始，司儀說了一段這樣的開場白：「今天，承蒙莎士比亞派遣，我不遠萬里來爲羅密歐與茱麗葉主持婚禮，感到了十二萬分榮幸……」話音剛落，新娘忘了拘謹，新郎神采飛揚，來賓們開懷大笑，會場頓時沸騰起來了。

（2）借題發揮，別開生面：

有了良好的開端，事情就成功了一半。接下去在每個「節目」的進行中，司儀都要見景生情，即興發揮。這樣才能推波助瀾，使婚禮的氣氛益趨生動、活潑。

例如，有一次，當證婚人宣讀結婚證書時，司儀發現新娘的名中有「燕」字，正好新郎名「英」，就索性即席吟詩一首，作爲對新婚夫婦的祝福：「爆竹聲中比翼飛，鶯（英）歌燕舞緊相隨。四化征程互勉勵，雙雙攜得捷報歸。」頓時會場上掌聲雷動，連新娘都情不自禁地鼓起掌來。再如：新郎送給新娘一束鮮花，新娘送給新郎一塊手帕，司儀就可以說：「鮮花雖美難比新娘貌美，手帕再好怎及新郎心好。」總之，在婚禮進行的過程中，借題發揮的機會很多，只要注意尋找，動腦思考，便可捕捉到。

(3) 幽默風趣，意味深長：

既要「逗趣」，又要耐人尋味，這是司儀語言的主要特點。但幽默風趣並不等於無聊地插科打諢，更不等於庸俗地耍貧嘴。所以，司儀的語言要含蓄、文雅，切忌低級粗俗。一位哲學家曾經說過：「幽默是具有智慧、教養和道德上的優趣感的表現。」有口才的司儀都長於用幽默雋永的語言取代低級、無聊的玩笑，寓教於樂，使婚禮在歡聲笑語中充滿高尙的情趣。

買單！— 一次就搞定的談判技巧

作者　孫廣春

發行人　林敬彬
主編　楊安瑜
統籌編輯　蔡穎如
責任編輯　汪 仁
美術編排　洸譜創意設計股份有限公司
封面設計　洸譜創意設計股份有限公司

出版　大都會文化事業有限公司　行政院新聞局北市業字第89號
發行　大都會文化事業有限公司
110台北市基隆路一段432號4樓之9
讀者服務專線：(02)27235216
讀者服務傳真：(02)27235220
電子郵件信箱：metro@ms21.hinet.net
網　　址：www.metrobook.com.tw

郵政劃撥　14050529 大都會文化事業有限公司
出版日期　2007年5月初版一刷
定價　300元
特價　199元

ISBN 13　978-986-7651-96-9
書號　Success-023

Metropolitan Culture Enterprise Co., Ltd.
4F-9, Double Hero Bldg., 432, Keelung Rd., Sec. 1,
Taipei 110, Taiwan
Tel:+886-2-2723-5216　Fax:+886-2-2723-5220
E-mail:metro@ms21.hinet.net
Web-site:www.metrobook.com.tw

國家圖書館出版品預行編目資料

買單：一次就搞定的談判技巧 / 孫廣春著.
--初版.--臺北市 ： 大都會文化, 2007[民96]
面： 公分.--(Success：23)
ISBN 978-986-7651-96-9(平裝)
1.談判（心理學）

177　　95024180

大都會文化圖書目錄

●度小月系列

路邊攤賺大錢【搶錢篇】	280元	路邊攤賺大錢2【奇蹟篇】	280元
路邊攤賺大錢3【致富篇】	280元	路邊攤賺大錢4【飾品配件篇】	280元
路邊攤賺大錢5【清涼美食篇】	280元	路邊攤賺大錢6【異國美食篇】	280元
路邊攤賺大錢7【元氣早餐篇】	280元	路邊攤賺大錢8【養生進補篇】	280元
路邊攤賺大錢9【加盟篇】	280元	路邊攤賺大錢10【中部搶錢篇】	280元
路邊攤賺大錢11【賺翻篇】	280元	路邊攤賺大錢12【大排長龍篇】	280元

●DIY系列

路邊攤美食DIY	220元	嚴選台灣小吃DIY	220元
路邊攤超人氣小吃DIY	220元	路邊攤紅不讓美食DIY	220元
路邊攤流行冰品DIY	220元	路邊攤排隊美食DIY	220元

●流行瘋系列

跟著偶像FUN韓假	260元	女人百分百—男人心中的最愛	180元
哈利波特魔法學院	160元	韓式愛美大作戰	240元
下一個偶像就是你	180元	芙蓉美人泡澡術	220元
Men力四射—型男教戰手冊	250元	男體使用手冊—35歲⁺⇧保健之道	250元

●生活大師系列

遠離過敏—打造健康的居家環境	280元	這樣泡澡最健康—紓壓・排毒・瘦身三部曲	220元
兩岸用語快譯通	220元	台灣珍奇廟—發財開運祈福路	280元
魅力野溪溫泉大發見	260元	寵愛你的肌膚—從手工香皂開始	260元
舞動燭光—手工蠟燭的綺麗世界	280元	空間也需要好味道—打造天然相氛的68個妙招	260元
雞尾酒的微醺世界—調出你的私房Lounge Bar風情	250元	野外泡湯趣—魅力野溪溫泉大發見	260元
肌膚也需要放輕鬆—徜徉天然風的43項舒壓體驗	260元	辦公室也能做瑜珈—上班族的紓壓活力操	200元
別再說妳不懂車—男人不教的Know How	249元	一國兩字—兩岸用語快譯通	200元
宅典	288元		

●寵物當家系列

Smart養狗寶典	380元	Smart養貓寶典	380元
貓咪玩具魔法DIY—讓牠快樂起舞的55種方法	220元	愛犬造型魔法書—讓你的寶貝漂亮一下	260元
我的陽光・我的寶貝—寵物真情物語	220元	漂亮寶貝在你家—寵物流行精品DIY	220元
我家有隻麝香豬—養豬完全攻略	220元	Smart 養狗寶典（平裝版）	250元
生肖星座招財狗	200元	Smart 養貓寶典（平裝版）	250元
Smart 養兔寶典（平裝版）	280元		

●人物誌系列

現代灰姑娘	199元	黛安娜傳	360元
船上的365天	360元	優雅與狂野—威廉王子	260元
走出城堡的王子	160元	殞逝的英格蘭玫瑰	260元
貝克漢與維多利亞—新皇族的眞實人生	280元	幸運的孩子—布希王朝的眞實故事	250元
瑪丹娜—流行天后的眞實畫像	280元	紅塵歲月—三毛的生命戀歌	250元
風華再現—金庸傳	260元	俠骨柔情—古龍的今生今世	250元
她從海上來—張愛玲情愛傳奇	250元	從間諜到總統—普丁傳奇	250元
脫下斗篷的哈利—丹尼爾·雷德克里夫	220元	蛻變—章子怡的成長紀實	260元
強尼戴普—可以狂放叛逆，也可以柔情感性	280元	棋聖 吳清源	280元

●心靈特區系列

每一片刻都是重生	220元	給大腦洗個澡	220元
成功方與圓—改變一生的處世智慧	220元	轉個彎路更寬	199元
課本上學不到的33條人生經驗	149元	絕對管用的38條職場致勝法則	149元
從窮人進化到富人的29條處事智慧	149元	成長三部曲	299元
心態—成功的人就是和你不一樣	180元	當成功遇見你–迎向陽光的信心與勇氣	180元
改變，做對的事	180元	智慧沙	199元
課堂上學不到的100條人生經驗	199元	不可不防的13種人	199元
不可不知的職場叢林法則	199元	打開心裡的門窗	200元
不可不慎的面子問題	199元		

●SUCCESS系列

七大狂銷戰略	220元	打造一整年的好業績—店面經營的72堂課	200元
超級記憶術—改變一生的學習方式	199元	管理的鋼盔—商戰存活與突圍的25個必勝錦囊	200元
搞什麼行銷—152個商戰關鍵報告	220元	精明人聰明人明白人—態度決定你的成敗	200元
人脈=錢脈—改變一生的人際關係經營術	180元	搜精·搜驚·搜金—從Google的致富傳奇中，你學到了什麼？	199元
搶救貧窮大作戰の48條絕對法則	220元	週一清晨的領導課	160元
殺出紅海—漂亮勝出的104個商戰奇謀	220元	客人在哪裡？—決定你業績倍增的關鍵細節	200元
絕對中國製造的58個管理智慧	200元	商戰奇謀36計—現代企業生存寶典	180元
商戰奇謀36計—現代企業生存寶典II	180元	商戰奇謀36計—現代企業生存寶典III	180元
幸福家庭的理財計畫	250元	巨賈定律— 商戰奇謀36計	498元
有錢眞好！—輕鬆理財的10種態度	200元	創意決定優勢	180元
我在華爾街的日子	180元	贏在關係–勇闖職場的人際關係經營術	180元
買單！— 一次就搞定的談判技巧	200元		

●都會健康館系列

秋養生—二十四節氣養生經	220元	春養生—二十四節氣養生經	220元
夏養生—二十四節氣養生經	220元	冬養生—二十四節氣養生經	220元
春夏秋冬養生套書	699元	寒天—0卡路里的健康瘦身新主張	200元
地中海纖體美人湯飲	220元		

●CHOICE系列

入侵鹿耳門	280元	蒲公英與我—聽我說說畫	220元
入侵鹿耳門（新版）	199元	舊時月色（上輯＋下輯）	各180元
清塘荷韻	280元	飲食男女	200元

●FORTH系列

印度流浪記—滌盡塵俗的心之旅	220元	胡同面孔—古都北京的人文旅行地圖	280元
尋訪失落的香格里拉	240元	今天不飛—空姐的私旅圖	220元
紐西蘭奇異國	200元	從古都到香格里拉	399元
馬力歐帶你瘋台灣	250元	瑪杜莎豔遇鮮境	180元

●大旗藏史館

大清皇權遊戲	250元	大清后妃傳奇	250元
大清官宦沈浮	250元	大清才子命運	250元
開國大帝	220元		

●大都會運動館

野外求生寶典—活命的必要裝備與技能	260元	攀岩寶典—安全攀登的入門技巧與實用裝備	260元

●大都會休閒館

賭城大贏家—逢賭必勝祕訣大揭露	240元	旅遊達人—行遍天下的109個 Do & don't	250元
萬國旗之旅—輕鬆成爲世界通	240元		

●FOCUS系列

中國誠信報告	250元	中國誠信的背後	250元
誠信	250元		

●禮物書系列

印象花園 梵谷	160元	印象花園 莫內	160元
印象花園 高更	160元	印象花園 竇加	160元
印象花園 雷諾瓦	160元	印象花園 大衛	160元
印象花園 畢卡索	160元	印象花園 達文西	160元
印象花園 米開朗基羅	160元	印象花園 拉斐爾	160元
印象花園 林布蘭特	160元	印象花園 米勒	160元
絮語說相思 情有獨鍾	200元		

●工商管理系列

二十一世紀新工作浪潮	200元	化危機爲轉機	200元
美術工作者設計生涯轉轉彎	200元	攝影工作者快門生涯轉轉彎	200元
企劃工作者動腦生涯轉轉彎	220元	電腦工作者滑鼠生涯轉轉彎	200元
打開視窗說亮話	200元	文字工作者撰錢生活轉轉彎	220元
挑戰極限	320元	30分鐘行動管理百科（九本盒裝套書）	799元
30分鐘教你自我腦內革命	110元	30分鐘教你樹立優質形象	110元
30分鐘教你錢多事少離家近	110元	30分鐘教你創造自我價值	110元
30分鐘教你Smart解決難題	110元	30分鐘教你如何激勵部屬	110元
30分鐘教你掌握優勢談判	110元	30分鐘教你如何快速致富	110元
30分鐘教你提昇溝通技巧	110元		

●精緻生活系列

女人窺心事	120元	另類費洛蒙	180元
花落	180元		

●CITY MALL系列

別懷疑！我就是馬克大夫	200元	愛情詭話	170元
唉呀！眞尷尬	200元	就是要賴在演藝圈	180元

●親子教養系列

我家小孩愛看書—Happy學習easy go！	220元	天才少年的5種能力	280元
孩童完全自救寶盒（五書+五卡+四卷錄影帶）			3,490元（特價2,490元）
孩童完全自救手冊—這時候你該怎麼辦（合訂本）			299元
哇塞！你身上有蟲！學校忘了買，老師不敢教，史上最髒科學書			250元

●BEST系列

人脈=錢脈 —改變一生的人際關係經營術（典藏精裝版）	199元

◎關於買書：

1、大都會文化的圖書在全國各書店及誠品、金石堂、何嘉仁、搜主義、敦煌、紀伊國屋、諾貝爾等連鎖書店均有販售，如欲購買本公司出版品，建議你直接洽詢書店服務人員以節省您寶貴時間，如果書店已售完，請撥本公司各區經銷商服務專線洽詢。
北部地區：(02)29007288 桃竹苗地區：(03)2128000 中彰投地區：(04)27081282
雲嘉地區：(05)2354380 臺南地區：(06)2642655 高雄地區：(07)3730079
屏東地區：(08)7376441

2、到以下各網路書店購買：
大都會文化網站 (http://www.metrobook.com.tw)
博客來網路書店 (http://www.books.com.tw)
金石堂網路書店 (http://www.kingstone.com.tw)

3、到郵局劃撥：
戶名：大都會文化事業有限公司　帳號：14050529

4、親赴大都會文化買書可享8折優惠。

大都會文化 讀者服務卡

書名：**買單！— 一次就搞定的談判技巧**

謝謝您選擇了這本書！期待您的支持與建議，讓我們能有更多聯繫與互動的機會。

A. 您在何時購得本書：______年______月______日

B. 您在何處購得本書：____________書店，位於____________(市、縣)

C. 您從哪裡得知本書的消息：
1.□書店 2.□報章雜誌 3.□電台活動 4.□網路資訊
5.□書籤宣傳品等 6.□親友介紹 7.□書評 8.□其他

D. 您購買本書的動機：（可複選）
1.□對主題或內容感興趣 2.□工作需要 3.□生活需要
4.□自我進修 5.□內容為流行熱門話題 6.□其他

E. 您最喜歡本書的：（可複選）
1.□內容題材 2.□字體大小 3.□翻譯文筆 4.□封面 5.□編排方式 6.□其他

F. 您認為本書的封面：1.□非常出色 2.□普通 3.□毫不起眼 4.□其他

G. 您認為本書的編排：1.□非常出色 2.□普通 3.□毫不起眼 4.□其他

H. 您通常以哪些方式購書：(可複選)
1.□逛書店 2.□書展 3.□劃撥郵購 4.□團體訂購 5.□網路購書 6.□其他

I. 您希望我們出版哪類書籍：（可複選）
1.□旅遊 2.□流行文化 3.□生活休閒 4.□美容保養 5.□散文小品
6.□科學新知 7.□藝術音樂 8.□致富理財 9.□工商企管 10.□科幻推理
11.□史哲類 12.□勵志傳記 13.□電影小說 14.□語言學習（____語）
15.□幽默諧趣 16.□其他

J. 您對本書(系)的建議：

K. 您對本出版社的建議：

讀者小檔案
姓名：______________性別：□男 □女 生日：____年____月____日
年齡：1.□20歲以下 2.□21—30歲 3.□31—50歲 4.□51歲以上
職業：1.□學生 2.□軍公教 3.□大眾傳播 4.□服務業 5.□金融業 6.□製造業
7.□資訊業 8.□自由業 9.□家管 10.□退休 11.□其他
學歷：□國小或以下 □國中 □高中／高職 □大學／大專 □研究所以上
通訊地址：______________________________
電話：（H）______________（O）______________ 傳真：______________
行動電話：______________ E-Mail：______________________

◎謝謝您購買本書，也歡迎您加入我們的會員，請上大都會文化網站www.metrobook.com.tw登錄您的資料，您將會不定期收到最新圖書優惠資訊及電子報。

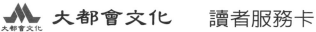

大都會文化事業有限公司
讀　者　服　務　部　　收
110台北市基隆路一段432號4樓之9

寄回這張服務卡〔免貼郵票〕
您可以：
◎不定期收到最新出版訊息
◎參加各項回饋優惠活動

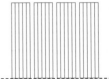

買單！

一次就搞定的談判技巧